编委会名单

主　　编：尹凤霞　刘彩玲

编写人员：邓　胜　黄婧睿　霍廷菊
　　　　　范　琳　伍学忠　林建新

就业与创业指导之职来职往

JIUYE YU CHUANGYE ZHIDAO ZHI ZHILAI ZHIWANG

主编 ◎ 尹凤霞　刘彩玲

暨南大学出版社
JINAN UNIVERSITY PRESS

中国·广州

图书在版编目（CIP）数据

就业与创业指导之职来职往/尹凤霞，刘彩玲主编．—广州：暨南大学出版社，2013.10（2019.2重印）
ISBN 978－7－5668－0751－9

Ⅰ．①就…　Ⅱ．①尹…　②刘…　Ⅲ．①职业选择—教材　Ⅳ．①C913.2

中国版本图书馆CIP数据核字(2013)第213690号

就业与创业指导之职来职往
JIUYE YU CHUANGYE ZHIDAO ZHI ZHILAIZHIWANG
主　编：尹凤霞　刘彩玲

出 版 人：徐义雄
责任编辑：张仲玲　黄少君
责任校对：李　庆
责任印制：汤慧君　周一丹

出版发行：暨南大学出版社（510630）
电　　话：总编室（8620）85221601
营销部（8620）85225284　85228291　85228292（邮购）
传　　真：（8620）85221583（办公室）　85223774（营销部）
网　　址：http：//www.jnupress.com
排　　版：广州市本色印务有限公司
印　　刷：佛山市浩文彩色印刷有限公司
开　　本：787mm×1092mm　1/16
印　　张：9.375
字　　数：164千
版　　次：2013年10月第1版
印　　次：2019年2月第6次
定　　价：28.00元

前　　言

我国正处于经济高速发展时期，但与发达国家相比，劳动力素质仍然有相当大的差距，技能人才尤其是高技能人才的缺口很大。因此，做好劳动者的职业指导工作，对于提高劳动者的素质、促进国民经济的可持续发展具有非常重要的意义。

目前，职业研究和职业指导类的书籍不少，但可操作性强的、适合职业教育类学校学生使用的教材不多。《就业与创业指导之职来职往》是一本以实用性、可操作性、资料记录的完整性和创新性异于其他类型职业指导书籍的书。

全书分成五大部分：第一部分是师兄师姐职场感言；第二部分是求职案例分析；第三部分是就业创业知识问答；第四部分是就业创业精粹；第五部分是求职演练场。各部分内容相互衔接，体现就业与创业知识的完整性。

《就业与创业指导之职来职往》的编写人员大多是已取得国家高级职业指导师资格或职业指导师资格并具有多年的职业指导教学以及理论研究和实践经验的教师。在本书中，师兄师姐职场感言、求职案例、就业创业精粹等内容均来自职业教育类学生的原始资料，针对性、指导性非常强。

感谢您使用本书，期望您提出宝贵意见，以期我们不断完善本书。

编写组

2013年8月

目　录

第一部分　师兄师姐职场感言

第二部分　求职案例分析

第三部分　就业创业知识问答

求职前准备

进行求职面试

适应职业要求

寻找创业之路

第四部分　就业创业精粹

第五部分　求职演练场

第一部分　师兄师姐职场感言

尹大伟

2003届电子技术专业毕业生。诚实、学习好、吃苦耐劳、勤工俭学、生活朴素，曾任学生会生活美化部部长。2002年以来，他一直在广州市东亚技术有限公司当技术员。他说，其实职务并不重要，重要的是工作的范围和自己在工作中所学到的知识。至今其各方面表现非常优秀，月薪不断提升。他最深刻的感受是：出去工作后才发现原来理论也是很重要的，虽然理论知识不代表实践能力，但没有理论知识，个人提升的空间就极为有限。他送给即将毕业的师弟师妹们的勉励是：

“脚踏实地学习和工作，一步一步走好，先苦后甜，是成功的根本。”

陈燕萍

2004届财务/会计毕业生。她在校时是一位很优秀的学生，学习努力，成绩优秀，曾任班长以及学生会生活美化部部长，获得过诸多奖项。毕业以后她不忘继续深造，参加了华南师范大学会计专业的学习。

她的工作经历非常特别。从2003年年底至今，她都在广州协程网络信息服务有限公司工作，可她的职务和职责却一直在变化中，她做过出纳、会计、人事（行政）、商务经理等。丰富的工作经历对她的成长十分有利，她说：“必要时，我可以用不同的身份去对待不同的客户。”

刚参加工作的时候，由于公司刚成立，尚处在起步阶段，很多事情都没人管，且没有培训机制，所有工作都要靠燕萍自己去摸索，她有时候要在半个小时内摸透一个电脑软件，这对一个不是计算机专业的人来说真的是太难了。另外，她还要接触IT行业的知识，还要学会与大专和本科出身的新员工沟通，让他们为公司尽力。燕萍是中专学历，刚接手工作时有点不适应，感到压力很大，但她是个认真负责的人，解决一个个困难后，她变得越来越自信了。在经历过很多的波折和承受了很大的压力后，她成为公司的中流砥柱。她送给即将毕业的师弟师妹们的勉励是：

“什么都要去做、去学，技能和技术一定要懂，要学好与人沟通的方法，要处理好人际关系。辛苦也要熬下去，刚开始工作的时候一定要想办法去控制自己的情绪和缓解自己的压力，熬到头就成功一半了。要珍惜自己的工作，一边工作一边学习。”

范妹宝

2005届财会电算化专业毕业生。该生在校时表现好，成绩中上，做事努力认真，吃苦耐劳，手脚勤快，与同学关系好，曾经担任班级劳动委员、宿舍长等职务，获得过“宿舍文明标兵”称号。毕业后她到广州海岩环保科技有限公司财务部从事财务工作。她不仅善于处理好人际关系，在工作上也认认真真地做好自己的本份，虚心好学，深受同事们的喜爱。她说在学校一定要学好自己的专业知识，这对将来的工作很有帮助。她送给即将毕业的师弟师妹们的勉励是：

“不要把所有问题都想得太难了，做过后才能体会到，什么事情都要认真对待。”

彭 玲

2001届财会电算化专业毕业生。该生在校时表现好，对工作积极、认真负责，团结同学，曾经担任班上的文娱委员。刚毕业时在一家汽车修理厂做过一年的财务，之后转到一家汽配厂做了一年采购，一年后又转到上海做贸易跟单。她看到汽配行业发展前景不错，生意好，赢利高，又觉得自己跟汽车很有缘分，于是就试着在湖南开了一间属于自己的汽配公司。虽然遭遇过很多挫折和困难，但她一直不愿意放弃。后来在母亲的坚持下，她把公司转让了，回到生她养她的广州，回归打工一族。她送给即将毕业的师弟师妹们的勉励是：

"做什么事情都要先积累经验，不要莽撞行事。"

何汉标

2003届电子应用技术专业毕业生。他毕业后的第一份工作是自己找的，在一家维修店做维修员，但觉得没发展机会，就把工作辞掉了。目前这份工作是学校推荐的东莞市南城兆兴清洁用品有限公司，他做的是酒店方向的机械日常清洁工作。何汉标工作半年后，由于工作出色，被公司管理者发现有做业务拓展的潜能，于是这位管理者举荐他去香港业务主管培训班学习三个月。三个月以后，他回到公司，成为一名业务员。

从工作性质的转变上，他收获很多，感触也很深刻。他说："自己刚出来的时候，工资刚刚够用，生活真的很节俭。找工作真的不容易，而找到合适自己的工作更难。"所以他送给即将毕业的师弟师妹们的勉励是：

"无论什么工作，都要用心去做。刚出去，能解决得了自己的吃住问题就行，先不去想工资的高低，最主要的是先掌握技术，吸取了经验后再去择业。"

黄建和

2003届消防安全管理专业毕业生。在校期间成绩优秀，年年荣获"三好学生"称号。毕业后到广东吉业建设有限公司工程部工作。刚到公司，他在维保部做维修工，由于工作出色，半年后被调到技术部做技术员。两年后，他已经成为公司工程部的工程主管了。工作之余，他继续进修本科学历。他送给即将毕业的师弟师妹们的勉励是：

“不怕从低做起，要一步一步脚踏实地，多学知识。同时也要了解自己，把握自己，做每件事情都要保持清醒的头脑。”

李福龙

2000届毕业生，所学专业是电脑应用与维修。在校期间担任过班上的团支部书记。他刻苦钻研技术，学习成绩名列前茅，性格开朗乐观，活泼热情。毕业之后曾在电脑城工作，担任技术员，后来在广东省电子商务高级技师外校培训中心担任培训鉴定员。他送给即将毕业的师弟师妹们的勉励是：

“没有做不到，只有想不到。想到就要做到，要做就要做到最好。”

李宏亮

2004届电子商务(中技)专业毕业生。班主任对他的评价：他学习很认真，目标很明确，对未来充满了信心。他在校时曾任团刊记者，对专业课的学习有兴趣也很认真，除学好学校设置的各门课程外，还通过阅读大量的电脑等专业书籍，提高自己的专业技能，并把其运用到班里电子课室的管理工作上。他常常热心为同学们解决各类电脑难题。毕业后，他自考了CCNA，进入中国移动工作，职位是网络管理工程师。他从送货员、清洁工开始，一步一步地做到了今天的网管。他送给即将毕业的师弟师妹们的勉励是：

“出到社会要一步一个脚印，不断提升自己！”

李 琼

2005届财会电算化专业毕业生。她在校时表现非常好，善于与人沟通，学习努力，年年都拿奖学金，曾获广东省“三好学生”称号。她是个能人，是个好班长，还在学生会担任学习部部长。她还利用课余时间做兼职，挣钱缴纳学费和维持生活。

李琼毕业后到东莞华科电子有限公司（台资企业）财务部担任会计员。总结自己找工作的经验，她说一定要有信心、有勇气，不要胆怯，不要怕辛苦、怕累，不要怕从底层做起。由于表现出色和认真的工作态度，她很快就得到了公司的肯定。她送给即将毕业的师弟师妹们的勉励是：

> “对自己要有信心，做事情要有勇气。”

李沃权

2003年毕业，所学专业是计算机广告设计。在校期间，他担任班长，学习成绩名列前茅，性格活泼开朗，待人有礼。在毕业后的短短时间里，他收获颇丰：

2004年7月在鼎成广告有限公司担任平面设计师，主要负责客户画册设计制作。

2004年9月在江门侨乡旅游杂志社当美术编辑。

2004年11月，他收购了鼎成广告有限公司，改名为鼎盛品牌战略形象策划有限公司，简称“鼎盛品牌”。这是一间专门为客户做平面设计的公司，主要经营标志设计、画册设计、VIS系统的设计和导入、大型户外广告牌制作和发布。他从此踏上创业之路。他送给即将毕业的师弟师妹们的勉励是：

> “把握好每一次机会，不断提升和挑战自我。”

梁翠雯

2002届毕业生，所学专业是现代营销。在校期间曾担任班上的团支部书记，学习成绩中上，是个很有个性的女孩。说起她，很多同学都说：“她是个想做就做的人，很有大姐风范，身边总是围着一群姐妹。”毕业之后，她在班尼路江南西分店工作，从一个普通的员工做到今天的店长。她送给即将毕业的师弟师妹们的勉励是：

“世界上没有蠢人，只有懒人！”

梁泽生

2003届电子技术专业毕业生。他曾是体育委员和学校电子协会的普通会员。他的第一份工作是由学校介绍的，在一家公司当投影机维修技术学徒，持续工作一年多。后来他毅然跳槽到广州科潮数码设备有限公司，担任公司维修部经理，主要负责维修难度大的机器。参加工作以来，他做过月薪500元的工作，慢慢地，月薪达到3500元、4500元、5500元，甚至超过了万元。他认为刚出来工作的人往往比较天真，以为什么都很简单，但没想到结果完全出乎意料。基本上，在学校学的只是基础知识，工作之后要一边工作一边学习，这样才会有收获。他送给即将毕业的师弟师妹们的勉励是：

“出去了，一切都要靠自己！”

林桂文

2000届毕业生，所学专业是电脑应用与维修。在校期间，他曾担任班长、团支部书记等职务，学习成绩一直名列前茅。他性格豪爽，乐于助人，是老师的得力助手。毕业后他被推荐到中国石化深圳市南油石化有限公司，任市场部经理助理职务，主要协助部门经理拓展市场，做市场调研和信息研究，处理与客户之间存在的问题，保证公司业务正常运作，他还要及时办理客户对账开票手续，确保货款及时回笼。可以说，做这些工作都不是桂文的特长，但他是个认真负责的人，经过不断的努力与拼搏，在残酷、激烈的市场竞争中，他总是不遗余力地完成各项工作指标。2003年度他被中国石化集团深圳石油总公司评为“优秀销售员”，2004年度则被总公司评为“先进个人”。现在，桂文已经离开公司，踏上了自主创业之路。他送给即将毕业的师弟师妹们的勉励是：

“努力工作，方能把握未来。”

林岳

2005届电子商务（高技）专业毕业生。班主任对他的评价：①性格较内向，但做事有主见；②注重专业学习，专业技术扎实；③注重提升实践能力，主动寻找实践机会。

在校时他通过网络寻找一些需要做网站的公司进行实习，不收取任何报酬，只为了掌握专业技术。专业老师都说他定位准，入学第一年，他就给自己定下目标：两年内能拥有自己的网站开发设计工作室。

临毕业前，他由学校推荐到光宝集团实习，工资待遇还不错。但为了自己的理想，9个月后，他毅然向公司递交了辞职信。他到广州邦渡办公用品连锁有限公司做程序开发员、信息系统、网站开发、物流等方面的工作。两年后，他拥有了自己的工作室。林岳送给即将毕业的师弟师妹们的勉励是：

“要跟紧社会知识去学习，不要死啃书本死读书。”

刘燕萍

2005届电子商务（高技）专业毕业生。曾担任副班长，班主任对她的评价：燕萍是个责任感强、做事认真负责的人，学习优秀，多次获“三好学生”等称号。

刘燕萍在2004年12月开始参加实习，曾在广州机械研究所里做办公室文员。她觉得工作比较轻松，没压力，希望做一些有学习机会的工作，于是跳槽到广州荣阳铝业有限公司担任电脑程序员，各方面表现都非常出色。燕萍送给即将毕业的师弟师妹们的勉励是：

“我们命定的目标和道路，不是享乐，也不是学苦，而是行动，在每个明天，都要比今天前进一步！”

彭晓辉

2002届计算机自动化与控制专业毕业生。他是个实在的男孩，在校期间学习特别努力，曾多次获得“三好学生”称号，担任班上的学习委员。

先苦后甜，有付出才有收获，正是彭晓辉工作以后的感悟。三年来，他换过两份工作。他对第一份工作感受最深，当时该公司到学校来招聘，主要业务是设备制造，凭着自己扎实的专业基础，他成功应聘了。然而，试用期刚满，他就辞职了。原因是他考虑的问题太多，他觉得自己的专业知识不足，对电子电路知识一知半解。这样的专业知识，很难取得大发展。

第二份工作的成功应聘是经过仔细思考的。彭晓辉觉得应从最基本的维护员做起，一直坚持做下去，坚持学习技术，坚持精益求精。两年后，他成为广州番禺风江微电子有限公司设备动力部科长，负责全公司设备的维护、改造和制造自动化生产线。他送给即将毕业的师弟师妹们的勉励是：

"出来工作最主要的是有目标，根据自己的特点和兴趣来确定目标，此目标指的是大目标，找到工作后再定小目标，通过小目标去实现大目标。不要盲目地跳槽，无论工作多么艰辛，都要咬紧牙关撑下来。当你找到一份工作时，你要想在众多同事中得到重视，就必须付出比别人多几倍的努力。当你不受重视时，不要指责别人，要想想自己是否付出了100%的努力！"

谭海潮

2003届电子商务（中技）专业毕业生。班主任对他的评价非常高：各方面都很优秀。在校期间，他注重自己的发展方向，学习能力相当强，靠自学掌握了编程设计技术，虽然总体学习成绩不均衡，但他的专业技术在班里是数一数二的。

毕业后，他把个人的简历挂到专业的求职网站上。163网易很快找到了他，通知他面试。成功面试后，谭海潮被聘为网站程序员。他觉得在163网易做，可以学到很多知识。为了帮助师弟师妹们，他利用自己的业余时间到母校网站上义务介绍自己的学习和工作体会，介绍最新的网络知识。谭海潮送给即将毕业的师弟师妹们的勉励是：

"勤奋"和"用心"。

薛新城

2002届电子应用技术专业毕业生。毕业后就职于广州市中电瑞鹰电子有限公司，是公司的技术员兼LG手机售后负责人，主要负责手机维修，处理不良手机，打理公司关于LG售后的日常工作。他说："有些事情在学校里接触不到，所以在学校往往想得很简单。现在虽然工作辛苦，但进步非常大。工作以后我才知道理论与实际相结合的重要性。"他送给即将毕业的师弟师妹们的勉励是：

"路是自己走的，一定要相信自己会走得很好！自己的明天会更加美好！永远比别人努力，每件事都有更好的做法，每一刻都要保持灵活的思维。昨天已经过去，昔日的辉煌不等于今天的成就，只有今天的努力才是最重要的！"

袁洪锐

2003届电子商务（高技）专业毕业生。在校期间担任班长和校团委副书记。他是一个尽心尽责的学生干部，敢于大胆管理，工作认真负责，和同学关系融洽，综合素质优秀。曾参加广州市校园之星大赛，并获得二等奖。

毕业后，他一直在喜事多连锁便利店有限公司上班，像在学生时代一样，他用心去做每一件事情，即便是打杂，他也一丝不苟。他的这种努力很快得到大家的认可，被公司选拔做管理工作，如今他管理着6～8间连锁店的区域督导、稽核人员、店长等。袁洪锐送给即将毕业的师弟师妹们的勉励是：

"工作，用真心去做！做人，以真诚待人！生活，多点沟通！"

周仲媛

2004届电子商务（中技）专业毕业生。说起这位好学的女生，她的班主任说：“在校的时候，她就已经树立了明确的学习目标和个人培养目标。也正是因为目标明确，她始终能够保持高度的学习和生活热情。她勤勉好学，上进心强，成绩优秀；她积极参与班上和学校的工作；她注重综合素质的培养；她坚持各方面平衡发展。”

毕业后，由于初涉社会，工作经验不足，刚开始周仲媛和上司的人际关系不尽如人意，工作因此遇到了挫折。但她真诚努力、不怕挫折，经过一年多的努力，终于寻找到处理人际关系的一种有效方式，那就是沟通。她现在在广州海格通讯有限公司工作，担任行政管理人员，工作非常出色。周仲媛送给即将毕业的师弟师妹们的勉励是：

> “有信心，你必赢！没信心，你一定会输！”

陈　娟

毕业于2007届商务秘书与速记专业。说起陈娟，很多老师都还记得那个小巧玲珑、活泼可爱的女孩。每天早上，陈娟最早来到饭堂，吃过早餐后就到教室里安静地学习。她总是那样安静，那样刻苦努力。

陈娟（左二）

陈娟于2004年进入技工学校读书，这并不是她理想的选择。在此之前，她有一个梦想，就是能够在舞台上翩翩起舞，用优美的舞姿表达自己对生活的理解和热爱，但由于身体条件她不得不放弃自己的梦想，重新确立人生目标。她选择了技工学校的文秘专业。在学校，她给自己制定了职业发展的阶段性目标：

第一学年：努力掌握专业基础知识，考取计算机办公软件初级操作证书。

第二学年：积累专业素养，通过计算机办公软件高级操作资格考试和速记员资格考试。

第三学年：参加全国秘书资格考试，取得中级资格证书，积极参加课外实习、实践活动，掌握职业技能。

第四学年：参加全国秘书资格等级考试，取得高级秘书资格证书或者涉外高级秘书资格证书。

陈娟于2007年4月参加全国技工学校“争做高技能人才职业生涯规划演讲比赛”，并获得一等奖。她送给即将毕业的师弟师妹们的勉励是：

“我们不能左右天气，但可以改变自己的心情；我们不能选择容貌，但可以展现我们美丽的笑脸；我们不能支配别人，但可以掌握自己的命运；我们不能可能样样顺心，但可以做到尽心尽力；我们不能决定生命的长度，但可以拓展它的宽度。职业生涯是一片沃土，需要我们投入时间和智慧去经营。”

郑泽强

毕业于2007届电子商务（高技）专业，于2002年入学，五年高技毕业。在校期间，他担任班长等职务，能够积极地为他人、为班级着想，工作踏实，综合素质很高，多次获得“三好学生”、“优秀班干部”等称号。现在在广州市中农农科生产资料有限公司担任商务管理工作。他积极肯干，虚心向前辈学习，刻苦钻研业务，受到同事及上司的一致好评。他送给即将毕业的师弟师妹们的勉励是：

郑泽强（左一）

“每个人都有成功的机会，只是我们必须寄予自己成功的期望。什么时候都别忘记了自己的目标和理想！”

龙　毓

毕业于2008届现代营销与策划专业。2007年，龙毓退役以后选择了报读技校的现代营销与策划专业。从军人到学生的角色转换，龙毓仅仅用了一个礼拜的时间。他说："我已经失去了最佳的读书时间，不能再浪费时间了。"

尽管自己的理论基础不好，尽管周围很多同学都不愿意花时间学习，但这位昔日的老班长，这位看起来年长许多的学生，总是认真听课、做笔记，在课余时间依然孜孜不倦地埋头读书。

节假日，龙毓担任三星公司的兼职促销员，他工作勤勤恳恳，从不怕苦，毫无怨言。毕业以后立即跟三星公司签订劳动合约，成为三星公司的一位正式员工。

龙毓送给即将毕业的师弟师妹们的勉励是：

> "不要总是考虑自己的得与失，应该多考虑一下自己能够给别人、给公司创造出什么样的效益和价值。"

谢必辉

毕业于2008届现代营销与策划专业。参军两年以后，谢必辉退役了。他开始了自己的打工生涯，但由于缺乏专业技能，他失去了几次不错的发展机会。2007年他来到技工学校，希望通过努力掌握一技之长。虽然专业是现代营销与策划，但谢必辉特别喜欢计算机操作技术，他利用业余时间认真学习计算机方面的知识，并特别注重动手能力的培养。

参加工作以后，他换了三个岗位，最终选择到东莞钻石世家做销售工作。他送给即将毕业的师弟师妹们的勉励是：

> "三个月换三份工作，不如三个月认认真真地做一份工作，静下心来做事情，很容易就能找到工作的窍门。"

方佳佳

毕业于2006届财会电算化专业。在学校学习期间，特别热衷学校的文娱活动，积极参与班集体组织的“2004年庆元旦文娱晚会”、“2005年服装设计大赛”、“2006年礼仪之星大赛”等，也很注重专业的学习，为自己成为一名合格的会计人员打下了扎实的基础。毕业以后，她曾在深圳和广州两地工作，一直从事会计工作。她特别热爱自己的专业，也特别珍惜自己的岗位，她送给即将毕业的师弟师妹们的勉励是：

“努力工作，好好生活！”

刘海银

于2011年毕业，现担任盛拓传媒旗下公司家商城分销事业部副总监。对于现在的发展，刘海银用一句话概括：一切都是缘分。

2011年3月，当时公司刚好需要一名爱好摄影的实习生，对喜欢摄影的刘海银来说是个很好的契机，他抱着试试看的心态进入现在的公司，担任家商城的后台管理编辑。同年7月，因公司业务扩展，他转到分销事业部的客户部工作。2012年2月，刘海银正式成为分销事业部副总监，主要负责销售渠道客户关系维护、特殊渠道客户服务，管理并策划销售活动方案。在刘海银看来，所有企业的用人标准都是好问、好学、努力、认真、创新。他送给即将毕业的师弟师妹们的勉励是：

“你只要做到好问、好学、努力、认真，后面最难的创新才能出来。请你拿出自己的诚意对待工作，你就必然会有回报。”

钟雅婷

钟雅婷与影星董洁的合影

商务秘书与速记专业毕业生，现就职于广东大壮集团有限公司。2007年毕业后从事速录员工作。一台中文速录机，一台笔记本电脑，她用手指追赶声音，为全国各大媒体、门户网站、公关公司以及各行业、跨领域的大型会议做全程现场速记工作。她还为省政府信息中心培训速记学员。

优秀成绩的背后是辛勤的付出。从摸索陌生的键盘到现在220字/分钟，其间钟雅婷经历了无数重复、枯燥的练习，为了提高工作效率，她还利用业余时间学习、积累各行业的知识。她付出的努力得到了回报。她送给即将毕业的师弟师妹们的勉励是：

> “要出色地完成工作，还需不断地学习，提升综合能力，保持良好心态，勿骄勿燥。”

邓学锦

广告与装潢设计专业，于2011年毕业。读书期间，他性格外向，热爱班集体，积极参与各项活动，人际关系非常好，是班里的“快乐大活宝”。毕业以后，他到纤恋香依服饰有限公司工作，从最基础的平面设计员做起，很快就掌握了一些在学校里没有掌握的技能，一年后，成为公司的平面设计总监。说起自己的成长经历，邓学锦说：“我很幸运，遇到两位前辈，他们是我的贵人，在他们手把手的指导下，我进步很快。”

邓学锦送给即将毕业的师弟师妹们的勉励是：

> “永远向你的前辈学习，不断进步！”

秦家慧

电子商务专业技师班毕业生。读书时，他品学兼优，曾被评为学校“三好学生”。毕业后他供职于广州天河电脑城一家电子公司，主要负责产品网站群建设及关键字优化（SEO），通过网络营销手段，每个月为公司带来十万元以上的盈利。他送给即将毕业的师弟师妹们的勉励是：

“毕业后最主要的是根据自己的特点和兴趣找到自己的人生目标。”

邹灿强

邹灿强，2003届计算机与自动化控制专业毕业生，毕业后分配至广大科技有限公司从事公务部自动控制设备维修，半年后升任部门组长。2005年转入川宝科技有限公司担任售后服务工程师，从事设备维修及售后工作。2007年7月创立深圳市邦禾科技有限公司，从事PC销售，目前公司发展稳定，建立了一定的网络资源，为将来的发展奠定了坚实的基础。他送给即将毕业的师弟师妹们的勉励是：

“工作，用真心去做！做人，真诚踏实！生活，多点沟通！”

吴日盛

吴日盛，2004年开始学习电子商务专业，现任升航集团香港公司广州分公司的业务主管，其主要工作：①负责联系国外代理人、国内外贸及进出口公司，做好组织及协调工作；②负责公司内部宣传资料对外的策划，及时准确地发布；③负责培训新来的销售员如何开展工作及学习流程。月薪在8000元以上。他说："我很幸运。我踏进了物流业，虽然竞争激烈，要求高，来自工作上的压力从来都没有消停过，但我已经习惯。"他送给即将毕业的师弟师妹们的勉励是：

"很多知识都有用，需要认真去掌握，我学的是电子商务，在学校里学的网络营销、国际贸易单证、计算机应用、社交礼仪等课程，都非常有用，希望你们好好学习！"

杨祝兰

目前在中人集团富士金业广州分公司担任经理助理兼部门主管。

每当提起自己的父母，杨祝兰的感触都特别深：父母劳累一辈子，不为别的，只为自己的孩子能有出息，将来对社会有所回报。他们辛苦一辈子好不容易把我拉扯大，努力赚钱供我读书，不为别的，只为我有朝一日能扬眉吐气。她的父亲曾经跟她说过一句话："父亲、父亲，但是我永远都负不清啦！"天下父母的伟大是不言而喻的，而父母又怎么知道自己的孩子在学校到底学到了什么？学得怎么样？花的钱到底值不值得？他们花了钱一心想要孩子学好，多学点东西，只有孩子真的学到了东西，他们才会感到欣慰，才会觉得为孩子花钱是值得的。然而很多人在学校里辜负了父母的这一片良苦用心！她送给即将毕业的师弟师妹们的勉励是：

"祝愿所有的师弟、师妹学业有成，永远不要辜负父母亲及老师们的期望！"

肖智瑶

电子商务五年学制专业，2007年毕业。她的第一份工作是文员，每天的工作量不多却很繁琐，但她任劳任怨，谦虚学习。一年后，肖智瑶顺利成为公司里的一名会计。从文员到会计，肖智瑶付出了不少汗水。她爱岗敬业，工作细致、踏实。在她入职两个月以后，公司财务准备辞职，肖智瑶的上司便推荐她到财务部工作。虽然有会计证，但肖智瑶发现自己所学的知识微不足道，于是她不耻下问，虚心学习，在同事们的帮助下，很快就上手了。除此以外，她还学会了如何更好地与别人沟通，如何更好地去陈述自己的观点，如何说服别人认同自己的观点。现在，她是一名会计，还兼任公司新员工的入职培训工作。肖智瑶送给即将毕业的师弟师妹们的勉励是：

> “人生的前途是光明的，但道路是坎坷的，唯有勤奋才能充分发挥一个人的才能。锁定目标，努力学习，不断地进步！”

梁彩霞

2010级会计专业学生，2012年在广东电视台《广东在线》栏目组实习。

作为一名媒体新鲜人，梁彩霞在指导老师的帮助下，积极学习媒体行业的相关知识。经过几个月的实习，她认识了很多出色的媒体工作者，增长了见识，开阔了眼界。她非常热爱这份工作。

梁彩霞（中）在采访现场

在工作中，她深刻地意识到人才竞争的激烈，明白只有不断地变强、变得更加优秀才不会轻易被淘汰。因此，她更加严格要求自己，不管哪方面的工作，她都力求做得最好。她的努力也受到了实习指导老师和部门主管的好评和认可。梁彩霞送给即将毕业的师弟师妹们的勉励是：

> “不要担心自己的文凭，应该考虑自己是否付出了努力！不要比较成就，应该想一想自己是否每天都在争取进步！”

陈　文

2013届技师班毕业生，学的是网络管理专业。2009年入学后，他一直刻苦钻研专业技术，2011年考取了高级网络管理员资格证。他常常利用业余时间协助老师管理计算机实验室，做事一丝不苟。2012年11月，他代表学校参加广东省神州数码杯计算机网络管理员大赛，获得学生组团体赛冠军、个人赛亚军。

毕业了，陈文希望自己能够从事心爱的网络技术工作，他选择留校，成为一名网络管理员。他送给即将毕业的师弟师妹的勉励是：

> “选择自己喜欢的工作是一件快乐的事情，但你同样要付出艰辛的努力。”

第二部分　求职案例分析

一、人生需要职业生涯设计

案例背景：

毕业生小吴，在临近毕业的时候认真聆听了职业指导师的讲座，了解了职业和职业生涯设计的内涵，希望给自己制订一个具体可行的职业生涯计划。他前来向职业指导师咨询，希望得到具体的指导。小吴的专业是电子技术，但他本人对专业的认识不足，没有潜心学习专业技能。他很喜欢与人交往，在校期间，积极参加各类活动，多次组织班级的同学参加校际比赛。

诊断结果：

这属于职业选择方面的案例。小吴的职业兴趣与他的专业不一致，经过职业素质测评，小吴的兴趣和特长属于高人际型；经过交谈，发现小吴倾向选择营销方面的工作。但他的家人却认为营销工作不是技能型工作，比较辛苦且不稳定。小吴感到有些不知所措。

处理建议：

（1）与小吴共同商议，帮助小吴进行职业定位，制定岗位、待遇、技术发展等方面的具体目标。小吴的兴趣和特长属于高人际型，可以选择他自己喜爱的营销工作。

（2）引导小吴与家人沟通、商讨，争取得到家人的支持和理解。

（3）指导小吴根据自身的情况，确立自己的职业目标，包括岗位、待遇、技术情况、社会效应、家庭目标等。经过指导，小吴制定了他在职业发展各个时期的具体目标：

职业前期（21～26岁）：经过奋斗，成为电脑销售方面的能手。

立业期（26～35岁）：考取高级营销员证书，成为一名销售总监。

职业中期（35～50岁）：尝试开发经营自己的企业，以电子产品为主要方向。

职业后期（50～60岁）：主要从事人才培养、企业策划等工作。

案例点评：

以上职业指导符合社会需求，也符合来访者的个人兴趣和能力范围，计划中各个时期的目标都很具体，计划具有整体性。这样的职业指导工作做得细致而深入，具有很强的指导意义。

（案例撰写人：尹凤霞）

二、职业取向需要“三前提”

案例背景：

2005年10月，学校职业指导老师让临近毕业的学生就求职择业及将要面临的供需见面洽谈会提一个自己最为关心的问题。下面是同学们提的典型问题：

问题1：“明年就要毕业了，可我不知道应该做什么工作，不知道什么工作适合我。”

问题2：“谈到就业去向，我有时想去南方挣钱，有时想到国家机关工作，有时又想，干脆到我们那儿的小工厂干算了，为此我很苦恼，请帮帮我。”

问题3：“我是一名女生，学习成绩还比较优秀，但即使这样，我仍然竞争不过男生，请问我该怎么办？”

问题4：“看到周围的同学要么有亲戚在政府当官，要么家里比较有钱，他们成绩虽然不如我，工作却已有了着落，我感到很不公平，请问我应该怎样进行职业选择？”

问题5：“我们很想到专业对口的行业里工作，可是我们的技术水平太差了，好难找工作啊。”

诊断结果：

（1）同学们的自我认识过于笼统、模糊，缺乏对自己的深刻剖析，不知道自己的长处在哪里，不知道自己的性格、气质等适合做什么样的工作。

（2）对自己的职业取向不清楚，有时甚至连自己想干什么和能干什么都不清楚。

（3）对当前的就业形势认识不清，没有认真分析当前的就业状况和就业形势，没能把它们和自己的职业取向结合起来。

（4）常过高地估计自己的价值，过高地提出自己的就业期望值，眼高手低，脱离现实。

处理建议：

（1）综合分析自己的个人资料，包括综合排名情况，学业成绩，有何特长，有无各种奖励证明、获奖证书、培训证书等。应综合这些情况，给自己进行择业定位。

（2）利用职业测评等方式，了解自己的气质类型、性格特点、兴趣爱好、职业取向等，为自己实现明确合理的职业取向设计提供科学的依据。

（3）了解进行职业选择的原则、过程和基本技巧，进行职业设计，制定出具体的实施目标和步骤。

案例点评：

目前，不少同学在择业方面面临的主要问题是自我认识不清，从众倾向明显，职业取向不清楚，对就业政策和就业形势不了解，过高估计自己的价值，过于理想化，一旦遭到打击又极易悲观，就业期望值过高，缺乏有效的职业取向分析。本案例提出：职业取向需要“三前提”。

第一个前提：你想干什么？（职业期望值的确定）

第二个前提：你能干什么？（即职业素质的具备状况）

第三个前提：你面临的就业环境允许你干什么？（机会、条件、渠道是否具备）

一个人的职业生涯，是这三个前提的有机结合。

（案例撰写人：邓 胜）

三、因错得福的选择

案例背景：

晓梅同学就读计算机专业，她的性格外向活泼，在校期间喜欢参加各类社团活动，不过晓梅对计算机的兴趣不大，也不清楚自己的兴趣在哪里。毕业以后，晓梅来到一家计算机公司工作。工作了三个月，她丝毫没有感受到工作的乐趣，而且越来越烦，心理压力很大。一想到每天都需要面对那台冷冰冰的计算机，她的心情就开始变得沉重起来。虽然她与同事的关系很好，工作待遇也不错，但每天要接触冷冰冰的机器，她感到实在是枯燥、无聊。

诊断结果：

这属于职业稳定方面的案例。晓梅性格外向活泼，对计算机的兴趣不大。工作的前三个月属于工作适应时期，在这个时期很容易出现不稳定状况。

处理建议：

（1）建议晓梅向上司提出要求，安排她在同事多一点的办公室，方便她与人沟通。

（2）建议晓梅工作一段时间后起身活动一下，然后逐渐将工作段的时间延长，渐渐减少工作中起身活动的次数。

（3）在自己使用的计算机中存一些自己喜爱的东西，并为自己的计算机起一个昵称，逐步消除与计算机的距离。

（4）每当心烦的时候，多想一些愉快的事情，提高个人的认知水平。

案例点评：

在进入职业的初期，每一个人的性格都可能会表现出与自己所从事的职业不一致，但是人的职业性格是能够调适和逐步完善的，这是职业适应的重要内容。职业和职业性格的协调统一，对从业者来说意义重大。晓梅经过职业咨询后，不但喜欢主动地与人接触，也喜欢日复一日地面对自己的计算机。她说："当时我错误地认为计算机是没有生命的东西，总希望避开它；现在我觉得计算机就像我的好朋友，默默地为我完成一项又一项工作，安安静静地陪伴着我。现在，想把我从计算机身旁拉走，是一件十分困难的事情。选择计算机，对我来说，真是一个因错得福的选择呀。"

（案例撰写人：尹凤霞）

四、面试不成功，应该怎么办

案例背景：

小青就读财会类专业，她学习成绩优秀，但性格比较内向，比较容易害羞，对考试有恐惧心理，这对学习成绩有一定的影响。她平时很少参加社团活动，缺乏自我展现能力。在毕业考试后，学校开始给学生提供招聘信息，很多用人单位到学校来对学生进行面试，小青也报了名，但每次面试都落选。问其原因，她的脸色立刻暗淡下来，眼中充满了迷惘。她说："在面试的时候，我只要站在面试人员面前，就会表现得很失常，精神高度紧张，头脑一片空白，遇到考官的提问非但不能轻松地应答，甚至连自己的名字也会说错，答非所问，不知如何应对考官的问题，真想逃跑算了。"

因为心理上的障碍，小青每次面试都以失败告终，这严重打击了她的就业自信心，她对面试真的很害怕，也很无奈。

诊断结果：

缺乏良好的心理素质，缺乏展现自我的能力，需要进行面试技巧的系统指导。

处理建议：

（1）建议小青通过与职业指导老师交谈，进行自我评估，建立自信心。

（2）建议小青参加学校为毕业生准备的系统的面试技巧训练。

案例点评：

（1）对许多毕业生而言，良好的心理素质不是一朝一夕就能获得的，而是要通过长期有意识的锻炼才能得到提高，如多参加学校举行的各种课余活动，在课堂上主动发言等，都可以在一定程度上为提高良好的心理素质奠定基础。

（2）对许多毕业生而言，缺乏展示自我的能力是一个普遍存在的问题，帮助他们学习这种能力，对求职成功至关重要。上面这个案例充分说明了这一点。如何对他们进行系统而有针对性的指导并非简单一句话就能概括的，其基本内容一般包括：①自信心的建立；②自我形象设计；③对面试问题的恰当回答，展现自我；④体态语言；⑤如何提要求、谈薪酬等。

其他建议：

（1）在面试前做好充分的心理准备。与同乡、同学、好友比一比，虽说比上不足，但比下有余。及时调整心态，以保持心理平衡。不因小败而失去信心，不因小挫而伤锐气。要充分地肯定自己，让自己充满自信。

（2）心里有什么事情，可与老师谈谈，让老师能及时帮忙分析问题，提出合理建议，帮助减轻心理负担。

（3）可多点进行面试，成功与否不要太在乎。实际上说话和写文章一样，关键是第一句，你只要勇敢地说出第一句话，紧接着第二、第三、第四句就会跟着吐出来，别人绝不会在意你说得怎样，就当是多积累点经验，这样心情就会比较放松，心里就不会这么紧张了。

（4）向学校心理老师寻求帮助，他们的专业知识可能会让你有所收获。

（案例撰写人：袁漫芸）

学校与南方人才签约

小组招聘会

五、工作适应能力的重要性

案例背景：

黄丽同学是某技校应届毕业生，她的性格外向活泼、豪爽直率，与同学相处融洽，在校期间喜欢参加各类社团活动，但比较喜欢自由，很反感受到约束。毕业后，黄丽因性格的优势，被一家公司录取为销售员，公司对她寄予了很高的期望。可过了几天，黄丽就辞职不干了。问其原因，她说对公司的管理方式不太适应。不久黄丽又被一家公司录用了，过了一个月，她再次辞职。就这样，黄丽的工作一直都不稳定，半年内换了四个工作单位。

诊断结果：

（1）工作适应能力比较差。

（2）职业不稳定。

处理建议：

（1）黄丽同学必须了解适应能力的重要性，树立适应环境的决心。

（2）建议黄丽同学学会控制自己的情绪，客观面对问题，及时化解消极情绪，有序地开展工作；及时调整自己的行为，采取灵活多变的应对措施。

（3）建议黄丽同学调整自己的期望值。

案例点评：

说起一个人的能力，包含的内容太广了，如独立生活能力、与人的交往能力、遇到紧急情况时的应变能力、学习上的阅读能力、写作能力、语言表达能力等，总称为适应能力，这些对大家将来走向社会无疑是很重要的。我们常常听人说："某某一开始不适应，后来适应了，就好多了。"一个人要想在一个新的环境下生存，首先就要懂得适应环境。而一个人能不能适应环境及其适应的快慢，则取决于一个人的适应能力。适应能力的培养是多方面的，需要在生活中一点一滴地积累。

（案例撰写人：袁漫芸）

六、超越自卑，实现就业

案例背景：

小陈，男，21岁，家在农村，初中毕业后因家庭生活困难选择了读技校，毕业后被学校推荐到一家合资公司做了三个月的仓管员。这三个月来，他好像与世隔绝了。他一个人在广州读书，独来独往的生活经历使得他性格压抑，不爱与人交往，越来越不爱讲话。由于企业不景气，他失业了，后来又做过两份临时工，因为心情不好也都没做长久。在家待了两个月，他感到无法生活，想马上找一份工作，于是回到学校给就业指导中心打电话，要求进行一对一面谈指导。

小陈（很小的声音）：“我想接受一对一指导。”

职业指导师（接听电话）：“好！我们就约在明天上午九点，我等你。”

（第二天小陈按时来到就业指导中心面谈室）

职业指导师：“你好！你真准时……我想知道你打电话给就业指导中心之前的想法。”小陈：“前两个月我失业后脑子一直很乱，想了很多事，不知道自己做错了什么，怎么会落到这个地步了？不知道该怎么办才好，想到了学校的就业指导中心，就给您打电话了。”

职业指导师：“好，请介绍一下你的生活经历吧。”于是，小陈介绍了自己的基本经历，职业指导师认真地倾听着。

职业指导师：“我跟你一样，也是从农村出来的，你的经历我特别能理解，这几年你也真的很不容易，那么现在你是怎样打算的呢？”

小陈：“我就是想找份工作，我觉得保洁工、搬家公司搬运工、超市的仓管员我都可以做。”

职业指导师：“这就是你的求职选择吗？”

小陈：“是的，我学历不高，技术没学好，又不爱与人打交道，怕讲话，一说话脸就红，我干别的不行，只有干这些卖力气的活儿。”

职业指导师：“你还不到30岁，路还长着呢，不想干点有发展的工作？知道自己学历不够，有继续学习的打算吗？”

小陈：“我学不进去……但是，我不怕苦，什么脏活累活我都不怕，我能吃苦。”

职业指导师：“你认为只有不怕脏、不怕累、干力气活才算是吃苦吗？仅仅表现为干保洁工是不怕吃苦吗？能吃苦是不怕经历艰辛的过程，刻苦学习，刻苦钻研科学知识，克服遇到的种种困难，这才是能吃苦，你是为了逃避这些吃苦过程，才选择了不用动脑筋的简单劳动，怎么能说是能吃苦的表现呢？”

小陈：“是的，我怕学习吃苦，怕与人打交道，怕张嘴说话，怕遇到困难克服不了，原来这也是怕吃苦，我还说自己不怕吃苦，从来没有人这样提醒过我。”

职业指导师：“如果你同意的话，你不妨有意识地锻炼一下自己，找一份要常与人打交道的活儿试试，像业务员、销售员，你说行吗？”

小陈：“行！”

职业指导师：“那好，我给你几条招聘信息，假期这几天在家看看有什么适合你的岗位，过了‘五一’假，就做好准备去应聘。你看好吗？”

小陈：“您跟我母亲的年龄差不多，您很和蔼，很像我母亲，谢谢您！”

……

一个月以后，小陈打来电话：“老师，我已经上班了，感觉很好。那天我从您那儿走后，感觉浑身轻松，从来没有人这么跟我谈过话，我回到家后特别兴奋。以前有人给我介绍过一个汽车内装的活儿，我没去，从您那儿回来后我与他联系决定去干，就像您说的，越是怕开口讲话越要锻炼，这才是能吃苦的表现。我决心通过干活锻炼自己与人交往的能力。我还要多交朋友，在原来的单位人家都说我老实，凭这一点我应该能交到很多朋友。俗话说，在家靠父母，出门靠朋友嘛。老师，我还想过两天去您那儿和您聊聊……”

诊断结果：

（1）小陈有自卑感，缺少积极向上的心态。

（2）害怕失败，没有职业大目标。

处理建议：

（1）促使小陈树立信心，调整心态，积极面对生活，并以积极的态度进行职业选择。

（2）与职业指导师共同讨论，澄清自己混乱不清、自相矛盾的思想观念。

案例点评：

这个案例具有一定的代表性，小陈因家庭问题造成了孤僻的性格，养成了不良心态和一些不好的习惯，这些都会直接影响其就业。小陈在素质上也有待提高。因此，他更需要寻求职业指导老师的帮助。与老师共同探讨，及时理清自己混乱不清、自相矛盾的观点、态度和意识，最终达到改变自己、实现就业的目的。

（案例撰写人：邓 胜）

七、及时释放不良情绪

案例背景：

刚刚从学校毕业的小斐，满怀雄心地进入广州一家科教用品公司做文案处理工作。可是不到两个月，回到学校参加毕业聚会时，她看起来很难过，做什么事情都有气无力的样子，显得很疲惫，跟两个月前那个活泼好动的小斐相比，简直判若两人。

到底是什么原因呢？老师耐心地询问后才知道，原来她一直觉得自己跟公司格格不入，别的员工都工作了一年以上，她和他们之间都不熟悉。部门经理好像并不信任她，从来不把重要的工作交给她做，只是让她做一些简单的文字工作，很难显示出个人的能力。办公室里有位年长一些的会计师，很霸道，经常指使小斐做这做那，小斐很烦她，但又不敢反抗。这令活泼开朗的小斐一天天地消沉下来。

诊断结果：

（1）小斐的工作适应能力比较差。

（2）她与同事的人际交往出现障碍。

处理建议：

（1）学会适应新的环境和新的人际关系，提高自己的适应能力。

（2）建议小斐学会控制自己的情绪，冷静地面对问题，及时化解消极情绪。

（3）建议小斐调整自己的期望值。

（4）建议小斐寻找机会，大胆地表现自己。

案例点评：

在新的人际关系中，一个人的适应能力显得十分重要，人际交往的能力有时候比专业技能更重要。在学校里，小斐活泼开朗，人际交往能力应该没有什么大的障碍，如今在工作中出现的障碍显然是暂时的。通过接受指导，小斐很快就调整了自己的心态，主动与同事们打招呼，除了本职工作，她还主动做一些力所能及的事情。随着她对环境的熟悉，那位年长的会计师也开始对小斐客气一些了，还说要给小斐介绍男朋友呢。

（案例撰写人：尹凤霞）

2006届供需见面会现场

八、根据自己的条件正确定位、确立职业目标

案例背景：

陈涛在技校读的专业是电子技术，但他本人对专业的认识不足，没有潜心学习专业技能，各门功课成绩平平。毕业的时候，他希望能在电子厂找一个电器维修或者质量检验的职位，可是经过多次的面试都没有成功，他感到很苦恼，前来向职业指导师咨询，希望得到具体的指导。他形象不错，很喜欢与人交往，交际能力强。

诊断结果：

（1）只是凭想象去找工作，定位不准确。

（2）没有认识到自身的优势，并充分发挥其作用。

（3）经过多次面试失败，心里有一定的压力，对自己信心不足。

处理建议：

（1）帮助陈涛进行职业定位，如果他很希望在自己的专业方面发展，可以先做一些对技术和技能方面要求不高的工作，然后慢慢提升自己，最后做维修工和质检员，或者对技术要求更高的工作。

（2）引导他充分认识自己的优势，根据自身的条件，可以选择与营销有关的工作。

（3）指导他根据自身的情况，确立自己的职业目标，树立求职信心。

案例点评：

目前学生就业普遍存在以下一些问题：过高估计自己的价值，过高地提出自己的就业期望值，眼高手低，脱离现实，自我认识过于笼统、模糊，缺乏对自己的深刻剖析，不知道自己的长处在哪里，不知道自己的性格、气质等适合做什么样的工作，只是一味地随大流，从众倾向严重。这些问题导致面试成功率降低，造成学生面试心理压力大，缺乏就业信心。因此指导学生正确认识自己，准确定位、确立职业目标，使他们在就业过程中尽量少走弯路，是今后老师们在就业指导工作中要解决的首要问题。

（案例撰写人：何丽丽）

九、如何处理与老员工的关系

案例背景：

一天晚上，我接到毕业生吴莉的电话，她向我反映了一个情况：她和班上几位同学一起到东莞市一家邮政储蓄所工作。因为业务不太熟悉，工作中很希望得到老员工的帮助，可是单位里的老员工对新员工的态度很不好，工作中从来不会主动帮助她们，有些问题要请教他们的时候，他们不但不愿意教，而且还对她们冷嘲热讽。她觉得很烦恼，不知道该如何与老员工相处。

诊断结果：

（1）没有真正体会到老员工就业的危机感。

（2）不知道如何处理企业人际关系，不知道在工作中如何处理教与学的关系。

（3）工作独立性差，对老员工的依赖性太强。

处理建议：

（1）要理解老员工对工作的危机感，他们对新员工的到来感到忐忑不安，害怕新员工的到来会影响他们工作的稳定性。

（2）主动和老员工沟通，以真诚的态度取得他们的信任。要清楚单位的师傅和学校老师对教与学的态度是不一样的，老师可以毫无保留地把知识传授给你，但师傅不可能把他的经验全部传授给你，只有用自己的真诚换取师傅们的信任，他们才可能有保留地把经验传授给你。

（3）在校学习和就业有很多不同之处，自己在工作上要有一定的独立性，不能太依赖别人，这要求毕业生在学校里多进行这方面的训练。另外，毕业生对相关知识和应变能力的训练也需要加强。

案例点评：

目前学生就业普遍存在难以处理人际关系的问题。就业后不知道如何与老员工沟通，不会处理新老员工的关系，从而导致部分毕业生很难融入新的环境，造成学生就业心理压力加大，缺乏就业信心。因此，我们应该指导学生正确认识和处理好新老员工之间的关系，了解用人单位对毕业生的基本要求，使他们尽快适应新的环境，消除就业的困惑。

（案例撰写人：何丽丽）

十、沉着应对，克服面试紧张感

案例背景：

毕业生小王是个优秀的学生，但他面试了好几次，每次都落选。我感到很奇怪，主动找小王了解情况，得知小王每次面试都很紧张，他一紧张就什么都乱套了，该做的事情没有做好，该有的水平发挥不出来，越紧张越坏事。几次面试失败，又加重了小王的紧张感，他觉得自己无法再次面对了。

小王沮丧地说：“我内心有很多话想表达，但是一紧张，脑袋就变得一片空白了。”

了解基本情况以后，我告诉小王：“你现在面临的主要问题是如何克服胆怯心理，你需要掌握一些面试技巧。”

……

诊断结果：

（1）小王存在胆怯心理，主要表现在技巧方面。

（2）小王很害怕失败，是个爱面子的男生。

处理建议：

（1）促使小王树立信心，调整心态，积极应对面试。

（2）建议小王寻求专业心理老师的帮助，克服胆怯心理。

案例点评：

了解情况后，我告诉小王在面试时保持镇静的一些方法。

（1）带一个事先整理得井井有条的公文包，这可能会在消除面试紧张心理方面发挥奇特效果。包内要多带一些与工作有关的资料或有助于谈话的东西，以便在面试时把相关资料呈现给主考官，并可适时说“关于这个问题，我已作了某些设想，请过目”这样的话进行过渡，这样就可以尽量减少与主考官正面接触。

（2）如果非常怕迟到，那就稍微早到，但也不要过早到，一般掌握在约见前五分钟出现在主考官门口。这表明你很准时，但又不是无所事事。

（3）带一份报纸或一本书和杂志，在等候时翻阅，因为这时人最容易产生紧张心理。看看报纸等，一来可缓解等候时的不安，二来可显示自己平时的素质。当然，能够看一本与你专业相关的书刊就更好了。

（4）在面试时，应该想办法掩饰自己的紧张心情，别让主考官一眼就看出你的忐忑不安。比较实用的心态就是无所谓的态度，“没什么了不起，大不了再找一次工作，反正比你们好的单位多的是”。

（5）在面试当中，如果发现自己说错了一些话，不妨等到双方都比较自在的时候再补救。“我不知道您看出来没有，坦白地说，我对这次面试有点紧张。”如果事情进行得较顺利，你承认自己曾经紧张过，反而能使你更主动地接近主考官。

每一个求职者都要经过面试这道关。有的人经验丰富，发挥自如，接受面试如同表演节目，顺利闯关；有的人则对面试战战兢兢，被动应对，纵有再多能耐，但由于临场表现欠佳，难免败北。案例中小王经过努力，最终成功通过了一家外资企业的面试。

（案例撰写人：梁国新）

面试中的对答

学生在专注地等待面试

十一、在个人形象中找到答案

案例背景：

小郑是一位2006届毕业生，由于学习成绩好，在班里担任班长，所以在第六学期很快就被推荐到一家工厂实习。半年后他认为自己从事的工作跟所学的专业不对口，于是踏上了重新找工作的艰辛历程。三个月过去了，小郑面试了很多次，但没有一次能够成功，他非常焦虑，几乎绝望了。我找到小郑，就他这样的情况跟他做了深入的分析，我觉得自己很难帮他找出具体的答案，只是简单地向他介绍了一些就业技巧。

半个月后，我校组织了一次毕业生供需见面会，当时我参观了现场，想观察一下学生们在面试时的表现。我碰见了小郑，他正在应聘一家生产电子产品的公司，我看到他嘴里不停地嚼着口香糖。小郑面试完以后，我问他平时去面试是不是也嚼着口香糖时，他解释说："我害怕自己的口有臭气。"

很显然，小郑犯了一个"面试大忌"，那就是面试时嘴里嚼着口香糖，而这恐怕正是他面试失败的主要原因。

诊断结果：

（1）小郑不注意求职面试时的个人形象设计。

（2）小郑缺乏必要的技巧。

处理建议：

（1）面试时一定要从个人的仪容、表情、举止、服饰、谈吐等方面去修饰自己。

（2）面试时要内外兼修，特别要注重个人的内在品位。

案例点评：

俗话说，“台上三分钟，台下十年功”，求职面试虽然只有几分钟的时间，但在这短短的时间里却可以看出一个人的很多问题，其中形象尤为重要，不妨在面试时给考官多点笑容。

同学们在学校期间，就应该特别注意自己的个人形象，学会为自己的形象负责任，很简单，“你希望别人怎么看你，你就应该按照别人的标准要求自己”。良好的形象和素质，绝非一日就能养成的！

（案例撰写人：黄晓珊）

十二、“跳槽”的背后

案例背景：

2005届毕业生小李，毕业后到一家比较有名气的电子公司上班，但他总觉得自己能够找到一家发展前景更好的公司，于是他在这家企业做了三个月就辞职了。之后他又找了几家公司，去上班后都觉得没有原来的那家好，直到最近，他才找到一家自己认为比较满意的公司，本来经理已经约好时间叫他上班了，但就在他上班的前一天，该公司人事部的一位工作人员打电话给他。

那位工作人员问：“你在原来的公司只上了三个月的班，但你为什么在简历上写了一年？如果没有一个合理的解释，我们很难把目前的工作交给你做。”

小李愣住了，他完全没有想到他的一个小小的谎言会被用人单位识破。这时的小李无话可说，最终与这家公司失之交臂。

经过深入反省，小李很后悔当时没有珍惜第一份工作，觉得无论如何，自己都应该在那个工作岗位上踏实地干下去，积累经验以后，如果对工作环境不满意，再作跳槽的打算。

2007届毕业生供需见面会

面试中提问

诊断结果：

（1）本案例反映出来的问题属于职业稳定问题。刚毕业的学生不适宜轻易跳槽。

（2）求职技巧问题，求职应该力求实事求是。

处理建议：

（1）在面试时为了掩盖自身的不足，应该懂得扬长避短，努力挖掘个人的特长，但不要欺骗用人单位。成为同事，与成为朋友一样，需要真诚。

（2）如果自己有疏忽的地方，应该主动道歉，争取用人单位的谅解。

（3）小李现在只能降低自己的要求，先找一份能提高技能的工作，尽快增加工作经验。

案例点评：

很多初出茅庐的毕业生不懂得珍惜第一份工作，总是太高地估计自己，好高骛远，等到重新去找工作的时候才感到后悔。对于他们而言，积累经验是必需的。在我看来，一份工作只要具有值得学习的内容，就应该坚持干下去，为将来寻找其他工作打好坚实的基础。请同学们谨记：今天努力工作，明天找个好工作！

（案例撰写人：黄晓珊）

毕业生供需见面会

十三、克服困难，适应工作环境

案例背景：

那天下班以后，接到被推荐去工作的学生的电话："老师，您能开车到公司接我们吗？我和几个同学想回学校。我们不能留在这里。"当时我很惊讶，这些学生是当天上午刚刚乘校车到公司上班的，怎么下午六点钟就吵着要回学校了呢？

因不了解其中的情况，我答应他们等明天去公司了解清楚情况后再作决定，我劝服他们当晚先住在公司。

没想到第二天我回到办公室时，那几个学生已经等在门口了，看上去很失落。我请他们坐下后，详细地了解了事情的原委。

有个学生说："公司下班后，其他员工都回家了，没有人理会我们这些新员工，我们不知道上哪里吃饭、休息，我们对公司的环境完全不熟悉，真的感到很无助，我们不想待在那里了。老师，学校能不能帮我们重新调整一下，我们想到其他公司工作。"

诊断结果：

（1）这几个学生明显缺乏独立能力，不能及时适应新的环境。

（2）比较依赖学校和老师，留恋自己熟悉的环境。

处理建议：

（1）鼓励学生独立思考与处世，不能过分依赖别人。

（2）调整心态，要学会预见，学会面对在工作中可能遇到的困难，并力求克服困难。

（3）要积极主动地了解新环境，向前辈们询问一些基本的生活设施和常识。

（4）就业前，应该对公司的情况了解清楚。

案例点评：

对于刚走出校门的学生来说，由于平时在生活中对家长和老师过于依赖，对社会接触太少，在遇到困难时往往难以准确判断与机智面对，从而产生就业心理压力，缺乏就业信心。另外，学校需要指导在校学生调整就业心态，教育他们学会独立，培养他们勇于战胜困难的信心。

总的说来，同学们在学校里应该更深入地融入集体生活，学会独立地面对新环境、新生活，这样才可以尽快适应工作，比较快地进步，比较好地发展。

（案例撰写人：黄　文）

十四、凸显自己的独立性

案例背景：

小君终于毕业，可以去找工作了，经过努力，小君接到了一个建材公司的面试通知，职位是办公室文员。但小君很担心自己上当受骗，她打电话将自己的顾虑告诉了家人，小君的父母对这个复杂的社会环境也不放心，很担心女儿会被不法分子欺骗。于是，小君的父亲决定请假陪同小君去面试。

招聘主管很客气地接待了这对父女，也跟他们作了很深入的交流。在面试的过程中，小君的父亲提出了很多问题，比如：“贵公司是否提供住宿呢？”“如果家里有事，小君可否请假呢？”“小君非常单纯，但很勤快，可否把她安排在一个人际关系不太复杂的岗位上？”这些问题令招聘主管不置可否，最后招聘主管很客气地告诉小君：“我们认为你不太合适我们的岗位需要，请你到别的公司试试看吧。”

诊断结果：

（1）小君缺乏独立性，不能够独立面对人生大事——求职。

（2）不够自信，依赖家人，留恋家庭，父母过分代办。

处理建议：

（1）鼓励小君独立面对自己的问题，不过分依赖父母。

（2）引导小君掌握正确的求职渠道，掌握防止受骗的技巧。

（3）引导小君积极主动地适应新环境。

案例点评：

小君虽然勤快努力，学习成绩很好，人也非常单纯可爱,但是她不能够独立地去面试，这必定会给招聘人员留下一个很深的印象：她根本就不能独立地生活，不能够独立地完成工作。这种印象一旦形成，就很难改变了。小君面试失败也就成为一种必然的结果。因此，职业指导老师建议大家在学校期间就应该有意识地培养自己的独立性。比如，遇到生活难题时，应该不怕困难，勇往直前，而不是渴望救星来帮助你；不要只是跟在老师的后面学习，应该主动自学一些新的知识；遭遇了人际交往矛盾的时候，不能就此退缩，应该积极地寻求解决的办法。

坚持独立思考，勇于面对困难并克服难题，就是独立性强的表现，这也是基本的生存能力。

（案例撰写人：尹凤霞）

十五、如何实现网上求职

案例背景：

中技生小彭很喜欢上网，临近毕业的时候，在职业指导老师的指导下，精心地制作了简历，并且把简历挂到了一个求职网站上。三天以后，自称是一家外地公司的负责人用手机通知小彭："你明天就来面试吧。"当小彭仔细地向对方询问的时候，他发现了问题：

首先，对方告知的工资待遇很高（试用期3000元/月）；其次，有关公司业务范围和有关工作的其他信息非常有限；再次，公司居然没有固定电话。

小彭来找职业指导老师，老师亲自拨通了对方的手机号码：“你好！请问是刘经理吗？我是一位职业指导教师，现在有几位学生想去贵公司面试，请问贵公司的具体地址是什么呢？”

对方支支吾吾：“哦，不好意思，我现在在外面，还有点事情要办，等我跟我们的老总沟通一下再通知你吧。”

结果可想而知，小彭和他的老师再没有接到那位所谓的刘经理的电话。后来小彭告诉职业指导老师，自己的同班同学也接到了这位刘经理的电话，但这位同学没有询问别人的意见，独自前往，发现那是一个销售“低成本，高售价”化妆品的窝点。

诊断结果：

（1）就业环境竞争激烈，不法分子利用求职者求职心切、发财心切的心理，用高工资待遇引诱求职者，达到欺诈的目的，如传销组织。

（2）小彭的同学缺乏防范意识，也不懂得寻找解决问题的方法。

处理建议：

（1）引导学生掌握识别求职陷阱的技巧。

（2）引导学生通过正规的渠道和信息进行求职。

（3）引导学生正确进行网上求职。

案例点评：

如今，个人想在人才市场上找到一份合适自己发展的好工作并不容易，而企业要找到一个能为企业发展作出贡献、为企业创造效益的人才，同样也不容易。因此，越来越多的人更青睐于在网络上进行求职和招聘。网络求职者的身份五花八门，有管理类的，有技术类的，有销售人员，有会计人员，有家政服务人员等。那么，如何顺利地实现网上求职呢？下面有些建议：

（1）千万不要乱投简历，一定要有的放矢。

（2）为了避免被人误会成垃圾邮件，最好把你的简历直接粘贴到信的正文里。

（3）网络用语一定要简练。

（4）避免在网络上迷失自我。不要看到很多很好的职位和公司就眼花缭乱了。在求职前应该充分地了解自己的实力，了解所应聘工作的基本要求，做到知己知彼。

（5）避免把所有的鸡蛋放在同一个网络篮子里。

（6）避免同时在一家公司应聘多个职位。

（7）不要随意在自己的简历中列出自己的证明人。

（案例撰写人：尹凤霞）

第三部分　就业创业知识问答

求职前准备

一、如何积累实践经验

用人单位一般特别青睐那些具有间接工作经验的毕业生。因此，在校期间，应该有意识地积累这些间接工作经验。大家可以根据自己的实际情况，参考以下建议，有选择、有计划地进行，促使自己不断积累经验，提升个人的竞争力。

（一）校内实践内容

校内实践内容	实践目标	实践的评估办法	时间安排
职业意识训练	1. 加入社团 2. 实践职业道德 3. 培养团队合作意识 4. 培养责任心 5. 积累间接工作经验	1. 自我评价 2. 社团评价 3. 学校鉴定书	在校期间均可进行
专业技能训练	1. 获取与专业对应的知识和技能 2. 提高岗位工作所需能力	1. 实习工厂训练 2. 实操能力考核 3. 实习工厂评定表	建议在专业学习期间完成
职业个性培养	1. 了解职业兴趣与对应职业群 2. 了解职业性格与对应职业群	1. 社会调查报告 2. 用人单位反馈表 3. 校友反馈表	建议在专业学习期间完成
人才档案建立	1. 录入个人基本信息 2. 记录个人综合表现 3. 确定求职意向	1. 档案记录表 2. 个人描述 3. 小组评价	建议在专业学习期间完成
面试技巧训练	1. 掌握职业礼仪 2. 把握面试沟通技巧 3. 职业形象设计 4. 建立网络人才档案	1. 简历制作 2. 小组角色扮演 3. 职业形象展示 4. 观摩校内招聘会 5. 求职网站基本资料	毕业前一年内

（二）校外实践内容

校外实践内容	实践目标	实践的评估办法	时间安排
顶岗实习	1. 认识职业 2. 认识自我、分析自我 3. 加强对专业的认识	1. 实习总结报告 2. 职业生涯规划书 3. 实习鉴定书	建议在毕业前半年内完成
访问用人单位	1. 获取和处理职业信息 2. 了解就业形势与政策	1. 市场调查报告 2. 用人单位反馈表	建议在专业学习第二、第三年课余时间里完成
访问校友	1. 获取和处理职业信息 2. 了解就业形势与政策	1. 市场调查报告 2. 校友反馈表	建议在专业学习第二、第三年课余时间里完成
走访人才市场	1. 把握就业形势 2. 了解就业市场 3. 了解职业需求	1. 简历制作 2. 求职体会总结	毕业前一年内
勤工俭学	1. 培养职业意识 2. 了解职业需求 3. 获得工作经验	1. 求职经历总结 2. 工作经验总结	课余时间
专业对应岗位实习	1. 培养职业意识 2. 了解职业需求 3. 获得工作经验	1. 求职经历总结 2. 工作经验总结	课余时间
社会公益活动	1. 培养社会意识 2. 了解社会需求 3. 获得间接工作经验	1. 相关报告 2. 间接工作经验总结	课余时间

二、如何确立求职目标

求职前，应该首先了解自己，了解岗位工作，做到知己知彼。可以通过网络查询，通过人才市场访问，通过参观和参与具体的专业实践活动，通过对求职岗位工作的了解等，最终确定自己的求职目标。

1.了解自己的职业兴趣

一个人能够从事自己喜爱的职业，是一件很幸福的事情。《圣经》里面有一句话：在合适自己的土地上耕耘是无比幸福的事情。因此，求职前，应该了解自己的职业兴趣之所在。那么，如何弄清楚自己的职业兴趣之所在呢？

职业兴趣的形成往往要经过一个发展变化的过程，你是否记得自己小时候的梦想？这些梦想源自你最初的兴趣，后来由于受到家庭、学校、社会的影响，你的兴趣和梦想发生了变化，你开始选择了自己的专业。在学校里，你受到个人专业学习和专业实践活动的影响，个人兴趣也会发生一些变化。当你进入职场，积累一定的工作经验以后，你的职业兴趣还会发生变化，最终你会保持一个稳定的、切实的职业兴趣，实现自己的理想。

职业研究人员曾经把职业兴趣分为与人打交道的高人际型、与事务打交道的高事务型、与资料打交道的高资料型、与观念打交道的高观念型等四种兴趣类型。如果你通过学习了解了自己的职业兴趣，有较强的职业选择倾向，定位较准确，就可以少走一些弯路。但如果你现在还不能确切地了解自己的兴趣所在，也不必紧张，等积累一定的经验以后，你就能够明确自己的兴趣了。

2.认识自己的职业性格

职业性格是指人们在长期特定的职业生活中所形成的与职业相联系的比较稳定的心理特征。职业性格的分类方法很多，作为一个求职者，最重要的是读懂招聘信息中岗位工作对从业者性格方面的要求，与自己的职业性格进行对比，能够清楚地看到自己与对应岗位之间相适应以及不相适应的地方，做到知己知彼，促使面试获得成功。

在招聘人员询问你的性格特征时，你可以回答自己的基本性格，比如做事认真、吃苦耐劳、执着坚韧、活泼机敏等；也可以回答自己的职业性格，比如回答“我是一个独立性很强的人，可以独立地开展工作”。

3.明确自己的职业能力

职业能力是保证人们完成某种职业活动所需要的个性心理特征，包括一般职业能力和特殊职业能力。一般职业能力通常表现为语文能力、数学能力、表达能力、交往与合作能力、自我控制能力、适应变化能力、自我反省能力、抗挫折能力、收集处理信息能力、审美能力、创新能力等；特殊职业能力就是从事职业所需要的特殊的能力，如网站制作能力、计算机维护能力、记账能力等。因此，求职前，如果能够通过职业测试或者自我评价深入了解自己的职业能力，那么求职成功率就会提高。

招聘考官如何了解你的职业能力呢？如果有条件，他们会针对你应聘的工作要求，让你现场完成一项工作；如果你应聘销售员，他们会让你推销一种产品；如果你应聘文员，他们也许让你打字或制作表格；如果你应聘外贸跟单员，他们会让你现场翻译一些资料等。如果条件不允许，他们就会假设某个工作场景，让你叙述自己的想法，从中表现你的职业能力，比如："你的客户对你的服务不满意，当面为难你，你怎么办？""电脑突然关机，很可能是什么原因呢？" 这一类问题及其回答技巧你完全可以提前做好准备，以确保面试的成功。

三、企业人才需求有哪些标准

作为一名即将踏入社会的人，你不能脱离人才市场，继续走传统就业之路，你应该积极投身于人才市场，充分了解市场需求。

根据各方人才市场反馈的信息分析，一个优秀的人才必须具备良好的职业素养和对知识的驾驭能力，具体可用一个公式表示：

优秀人才 = 专业知识（专业知识雄厚、运用知识能力强、能实现知识的高产出）+良好的职业素养（良好的职业道德、高度的职业意识）

这个公式，一方面体现人才市场对专业知识的需求，另一方面体现人才市场对择业者职业态度的要求。实际上，人才市场需要德才兼备的人才。

从一项企业人才需求调查结果分析，企业对应聘者最看重的素质如下：

工作经验（80%）

专业技能（80%）

工作态度（70%）

教育背景（48%）

忠诚度（46%）

职业道德（34%）

年龄（20%）

性别（8%）

对照以上要求，你能发现自己欠缺哪些素质，或者说哪些素质比较薄弱，然后尽快针对其进行补救。

作为一名应届毕业生，你不具备直接的工作经验，但可以积累间接的工作经验。比如积极参与课程实验、社会实践、勤工俭学，参加课内外活动，获得职业相关证书等。这些积累对你将来求职、就业、创业都会产生重要影响。

四、毕业生的不良择业心理

1.期望值过高

有些毕业生对学校、社会提供的众多需求信息并不满意，这个单位看不起，那个单位挑不上，造成信息利用率低下；部分毕业生择业时只看重收入高、条件好、舒适安定的单位，与用人单位见面洽谈时，一开口就是“经济效益”、“工资待遇”、“个人发展”等，结果往往因为过多考虑个人利益而被单位拒之门外；有些毕业生择业多变，今天觉得满意的单位，明天又觉得不够理想，“这山望着那山高，这花望着那花俏”。刚踏入社会的毕业生，如果在择业上不考虑自身条件，要求过高，挑剔过多，往往不能及时找到满意的单位。因此，在确立求职目标时，应该勇于选择那些基层岗位，乐于从底层做起。

2.盲目攀比心理

有些人看到自己的同学进了大公司，自己也非要找个差不多或者更好的单位，否则便觉得“丢人”，全然不考虑自身条件和用人单位的要求，今天跑这家，明天跑那家，到头来还是一个也挑不上，结果反而错过了原先不错的单位。

实际上，任何工作都不可能百分之百令人满意，尤其刚入职的时候，若对自己的工作“横挑鼻子竖挑眼”，不能安心学习，就会很容易错过机会。

3.依赖心理

有些毕业生对自己缺乏清醒的认识，不了解自己的特长和能力，在择业去向上缺乏个人独立的决断能力，常常犹豫地观望，优柔寡断，左顾右盼，举棋不定，从而坐失良机。他们在职业选择上较多地甚至完全地依赖父母，依赖社会关系，依赖学校和老师。

4.自卑心理

有些人在职业选择中畏首畏尾，表现怯懦，缺乏对自己的认识和自信心，总觉得择业人群中强手如林，条件比自己优越的比比皆是，从而不战自败，即使在社会需求中有符合自己要求的单位也不敢前去应聘，在“双向”选择中往往一次受挫情绪便一落千丈，悲观失望。这种心理是一种极大的障碍，需要尽快克服，必要时还应该求助于专业的心理咨询师或职业指导师。

5.贪图虚荣

由于虚荣心过强，有的人择业时往往把注意力集中在大城市以及社会知名度高、经济效益好的单位。不从发挥自己的优势出发，不考虑自己的竞争能力，不顾及自己的专长爱好。他们的择业目的是让别人羡慕，结果却往往无法找到自己的用武之地，从而荒废了自己的才干。

五、如何收集就业信息

1.确定收集的时间

收集信息是一个长期的工作，三两天是很难全面地获取各种就业信息的。这是因为就业信息是动态的、经常变化的，不可能一个信息常年不变。所以，对于与自己就业有关的信息，要经常收集，从用人单位对招聘对象的要求变化中，看岗位工作要求的变化趋势。

另外，目前的就业信息大都分布在各种渠道之中，还没有一个相对集中的招聘信息渠道，所以收集各种就业信息也有一个过程，需要长期、多渠道收集，不断积累。

2.选择收集的渠道

茫茫大海，到什么地方去收集各种就业信息呢？这是一件十分具体的事情。

（1）学校毕业生就业主管部门。通过学校毕业生就业主管部门获取需求信息，是当前毕业生获取需求信息的主要渠道。

（2）各级毕业生就业指导中心、劳动人事部门、人才交流中心、职业介绍所。这些部门对各类人才需求情况比较了解，因此，从其中所获得的信息也比较准确，有一定的指导作用。

（3）人才交流会。目前，各省、自治区、直辖市和各市、县每年都要集中举办各种形式的人才交流会，有的单位还专门组团到其他地区和学校设摊招聘，选用人才，这为毕业生提供了择业机会。人才交流会是人才供求信息的集散地。

（4）新闻媒介等各种宣传渠道。通过报刊、杂志、广播、电视等新闻媒介获取信息，是一条较有效的途径。每年毕业生毕业前夕，这方面的信息既快又多且广，毕业生要认真收集。

（5）利用生产实习、社会实践、毕业实习等机会收集需求信息。毕业生在生产实习、社会实践、毕业实习的过程中，直接与用人单位接触，不仅对用人单位的生产、工作性质较为熟悉，也结识了用人单位的领导、工程技术人员等，可以获取就业的有关信息。

（6）亲戚朋友。通过家人、亲戚、同学、校友、朋友等所获取的信息面较宽，较为便捷，且比较准确可信，往往成功率较高。

（7）电脑网络。随着电子计算机的普及和网络化的发展，企业中的网络化建设日新月异。毕业生可利用网络收集信息。通过电脑网络化获取信息，具有速度快、传播范围广的特点。随着网上信息的不断完善与普及，这一途径的作用将越来越大。

3.收集信息的注意事项

收集就业信息时绝对不能仅仅局限于哪个单位，哪个岗位，招收多少人。由于我们收集信息的时间相对比较充实，所以，有些信息尽量要细化一点、具体一点、针对性强一点。概括起来，要重点注意以下几个方面。

（1）了解招聘岗位的劳动条件、岗位要求，看是否适应自己的具体情况。

（2）招聘岗位的实际工作，能否适合自身的进一步提高与发展。这一点是十分重要的。因为，一个年轻人就业以后，在做好本职工作的前提下，求发展也是很重要的。最好能够找到一个岗位，既能使自己人尽其才，又能通过学习促进自身的发展，为以后的晋升和跳槽创造条件。

（3）要了解招聘企业和所在行业的经济状况和发展前景，使自己尽量进入一个有发展前途的企业。

当然，这些信息不是看几条招聘信息就能得到的，要通过适当的咨询和必要的分析，才能做出较为合理的判断。为此，我们还应关心经济发展的趋势，关注时事政治，阅读有关宏观经济形势分析和宏观就业形势分析方面的文章。这样，通过筛选、分类的信息，才能为你的就业提供较为理想的机会。

六、如何做好面试准备

面试前的准备工作包括心理准备、形象准备、资料准备、了解招聘者，以及进行模拟训练等。

第一，沉着冷静，调整心态。

从求职者接到面试通知到实地进行面试，间隔时间一般只有1～2天。这点时间容不得求职者大量复习，却足以让求职者调整心态。一个聪明的求职者可以尝试回答如下几个问题：这个单位为什么选中我面试？对它而言，我有什么长处？我的长处是否能恰当地表现出来？面试时我还能展示出哪些受这家单位欢迎的优点？展示优点时我该怎样遣词造句使自己显得自然大方？

第二，设计个人自我形象，留下最好的第一印象。

整洁、干练、彬彬有礼的应聘者，容易使人接受。诚挚、协作、勤快的应聘者，总会受人欢迎。而蓬头垢面、疲惫拖沓、不拘小节，或浓妆艳抹、故弄玄虚、手拙腿懒的人，则不令人生厌也叫人生疑。

第三，备齐求职资料，熟悉资料的内容。

面试前再次检查所有的个人资料，如个人简历、求职信、获奖证书、荣誉证书、学历证书的原件或复印件等。还要带全记录本、铅笔等物品，以便随时取用。

第四，了解面试人员，做到知己知彼。

在面试前，应聘者所接触的可能是一般的人事工作者、办事员，而在面试时，才会见到人事总监或公司总经理，甚至是上级公司负责人力资源的专员。应聘者能否被录用，在很大程度上取决于面试人对应聘者的直接考察和最终意见，所以应聘者要尽可能了解面试人员的情况。

应聘者了解面试人员情况的途径主要有两条：一是向招聘单位人事部门工作人员直接询问，二是通过亲朋好友等非正规渠道间接打听。

直接询问，可以在收到关于面试的书面通知后，立即与招聘单位人事部门进行电话联系，先就收到面试通知、获得面试机会表示感谢，然后顺便了解一下面试将会由谁主持，重点是什么等。应聘者从对方的回答中可以捕捉到许多信息：面试人的姓名、职业、性别、国别，以及面试的基本形式、大致范围、持续时间等。这样的电话联系不仅有助于应聘者获得相关信息，而且还能给招聘人员留下应聘者彬彬有礼、珍惜面试机会的良好印象。但若招聘方使用电话发出面试通知，那就要求应聘者快速反应，在接听电话的同时就进行道谢和询问，否则，事后再打电话去追问，会显得比较唐突。

间接打听，形式不限，内容可包括面试人的受教育程度及所学专业、所属民族、个性特点、工作方式，甚至还有生活习惯与个人爱好等。了解这些内容有利于应聘者猜测话题，避免失误，尊重对方的民族习惯和兴趣爱好，寻求引起双方共鸣之处。

第五，进行模拟训练，掌握技巧。

面试中可能会有意想不到的问题与事情，但是适当的模拟训练可以提高应聘者处理问题的敏捷性和灵活性。进行模拟训练的主要途径有四条：一是正规模拟。可去管理咨询公司、职业介绍机构、某些从事求职辅导的心理咨询机构等，接受正规的面试模拟训练，这样可增强自信并提高成功率。二是实地演练。可到人才市场上去体验招聘的程序与气氛，并且有意识地参加一些面试，从中品味面试的感受，掌握面试的有关要领。三是请教前辈。可以找一些有过面试经历的人，请他们模拟招聘者提问，自己则在提问上发现不足，及时改进。四是自我操练。应聘者可以设想自己在面试现场，与面试人对面而坐，对方会提出什么问题，自己该怎样回答，要注意哪些事项等。自我操练是必不可少的模拟训练。

七、面试环节及形式

（一）招聘考核方式

招聘考核包括文化考试、专业技术考核、面试和身体检查等四个方面。具体考核的内容和标准，一般由企业根据生产、工作的要求来确定。招用见习工人，侧重文化考试；招用技术工，侧重进行专业知识和实际技能考核；通过面试，企业可以了解应聘者的基本情况；通过身体检查，企业将排除身体素质不合要求的应聘者。

那么，招聘考核中文化考试、专业技术考核的基本内容有哪些？

企业招用技校毕业生所进行的文化考试、专业考核一般比较重视基础内容，如语文的字句和修辞，数学的平面几何、立体几何和解析几何，物理的电学、力学，英语的日常用语，等等。题型有阅读理解、选择、填空等。专业技术考核包括专业理论知识和实际技能考核，两者都侧重最基本的内容。

文化考试、专业技术考核往往采取笔试形式进行，对应聘者所掌握的基本知识、专业知识、文化素养和心理健康等综合素质进行考查和评估。笔试主要适用于应试人数较多，需要考核的知识面较广或需要重点考核文字能力的情况。大企业、大单位、大批量用人或国家机关选拔公务员等，往往采用笔试考核的形式，通过笔试的方式对求职者进行文化专业知识的再考核。笔试种类有专业考试、心理测试、命题写作、国家公务员录用考试、司法职业资格考试等。笔试需要做好以下准备：

（1）根据考核要求，努力学好基础知识。

（2）笔试前应进行认真的复习。

（3）保持良好的身心状态。

（二）招聘、面试形式

第一种是程序结构式，是以面试者事先精心选择好的话题为序，按部就班，照程序进行；第二种是自由交谈式，求职者以自我为中心任意发挥，面试者原则上不进行中途干扰；第三种形式是介于两者之间的混合式，即事先定题和自由交谈相互交融的方式，这是日常使用最多的。

随着选择范围的由大渐小到基本定向，面试一般分为三个阶段，即初试、复试、录用面试。

1.初试

初试只涉及共性的背景信息，如求职人员的学历、经历、求职意向等，不求纵深剖析，注重的是一般形象、言谈举止。

2.复试

复试又称选拔性面试，复试是为了对候选人的学识、能力、潜力、责任感、事业心等内部条件作一番深层次的探索，对其禀性与风格进行谨慎的审核，以确定其是否最合适的录用对象。

3.录用面试

录用面试阶段已将是否录用一名具备或基本具备任职条件的求职人员提到议事日程。

八、如何设计求职形象

像不像，三分“样”。个人形象是一个人仪容、表情、举止、服饰、谈吐、修养的综合体现，要想在面试时给人留下良好的第一印象，依靠的绝不仅仅是偶然的缘分，也不仅仅是简单的模仿，而是内外兼修，注重个人内在的品位。

有一位面试者，面试的时候丝毫不做准备，晃晃悠悠地走进招聘办公室，打了声招呼“你好”后不等别人回话，就一屁股坐在椅子上，两腿叉开，双眼盯着主考官，等着主考官问话。回答问题的时候，为了缓解自己紧张的情绪，他不断地变换着坐姿，一会儿翘起“二郎腿”，一会儿踮起脚尖，两条腿还不时地晃动。

面试只进行了 5 分钟，主考官说了一句：“对不起，你不适合我们的要求。” 面试者不解，问道：“为什么？”

主考官笑了笑，问道：“面试前，你是否进行过相关训练？”

面试者更是丈二和尚摸不着头脑，继续问："什么训练？"

"面试方面的训练。"

"哦，老师曾经安排了模拟面试，但我没有参加。"

"对不起，请你到别的公司看看吧。"

（一）把握设计的基本要素

1. 仪容仪表，干净整洁

头发要清洁——及时洗发，不要有头皮、异味，不要披头散发。

脸部要清洁——彻底清洁脸部污垢和汗渍（耳、脖颈、眼角）。

口腔要清洁——面试前忌吃洋葱、大蒜等有异味的食品，不要抽烟、喝酒。临行前要刷牙，避免口臭和食物残渣。

双手要清洁——不留长指甲、不涂指甲油，清除指甲缝的污垢。

身体要清洁——洗澡、换上干净的衣服和鞋袜，保持体味清新。

2. 待人接物，注重修养

（1）一定要用右手握手。

（2）要紧握对方的手，时间以 1 ～ 3 秒为宜。当然，过紧地握手，或是只用手指部分漫不经心地接触对方的手都是不礼貌的。

（3）被介绍之后，最好不要立即主动伸手。年轻者、职务低者被介绍给年长者、职务高者时，应根据年长者、职务高者的反应行事，即当年长者、职务高者用点头致意代替握手时，年轻者、职务低者也应随之点头致意。和年轻女性或异国女性握手，一般男士不要先伸手。

（4）握手时，年轻者对年长者、职务低者对职务高者都应稍稍欠身相握。有时为表示特别尊敬，可用双手迎握。男士与女士握手时，一般只宜轻轻握女士手指部位。男士握手时应脱帽，切忌戴手套握手。

（5）握手时双目应注视对方，微笑致意或问好，多人同时握手时应按顺序进行，切忌交叉握手。

（6）在任何情况下拒绝对方主动要求握手的举动都是无礼的，但手上有水或不干净时，应谢绝握手，同时必须解释并致歉。

（7）需要递名片的时候，注意名片上字的正面应朝向对方；接收名片时必须用双手，接过来要先看一下再收起来。可以暂时将名片放在衬衫的口袋里，或者和文件夹放在一起。总之，对人要礼貌，名片虽然只是一张纸，但代表着对方的身份，对之应该客气、善待。

3. 文明礼貌，个人定位

一个人的文明礼貌其实就是一种个人定位，向别人传达了一种信息：我是一个懂得尊重别人的人，我是一个值得别人尊重的人！多用礼貌用语，如“您好”、“请”、“谢谢”、“对不起”、“再见”等。千万不能出现以下习惯性动作：

手：手最容易做出小动作。如双手总是不安稳，忙个不停，做些玩弄领带、挖鼻孔、抚弄头发、掰关节、玩弄考官递过来的名片等动作。

脚：神经质地不停晃动、前伸、翘起等，不仅人为地制造紧张气氛，而且显得心不在焉，相当不礼貌。

背：哈着腰，弓着背，似一个“刘罗锅”，考官如何对你有信心？

眼：或惊慌失措，或躲躲闪闪，该正视时却目光游移不定，给人缺乏自信或者隐藏着不可告人秘密的印象，极易使考官反感。另外，若死盯着考官，也会给人压迫感，招致考官不满。

脸：要改掉呆滞死板或冷漠无生气等消极表情，换上活泼动人的表情才能打动人。

行：行动时手足无措，慌里慌张，缺乏自信，或者反应迟钝，不知所措，不仅会自贬身价，而且考官也会将你看“扁”了。

（二）立足岗位要求

（1）服务人员：干净整洁，不施浓妆。使用普通话，善用礼貌用语，口齿清楚。微笑而不做作。服装色彩要注意搭配，一般上装颜色浅，下装颜色深，以稳重为主。不要穿过于休闲与家居化的服装。

（2）操作技术人员：穿着整齐、干净，服装多为制服。女性以短发为主。

（3）管理人员：穿着不一定要时髦，却一定要大方，甚至略显成熟也无妨。与人交往是其工作的核心，故待人接物要和蔼可亲，耐心周到。

（4）文秘人员：多为女性，讲话声音甜美亲切，穿着端庄大方，举止有分寸。制服与职业套装为服装主体，配饰物可点缀出活泼与可爱。

（5）宣传人员：企业形象代言人，要求语言表达清晰，普通话要标准。与人交谈要掌握分寸，凸显体面、大方。着装以职业套装为主，不宜配戴过多或过于贵重的饰物。

（6）设计人员：穿着自由，舒适自然，张扬个性。但面试时要考查招聘单位的企业文化，不要穿着太过前卫的服装。

（7）销售人员：穿着代表公司的形象，应体现出明媚靓丽，要注意与公司的文化氛围相一致，仪表姿态要得体。

（8）财务人员：着装应简洁干练，不可追求帅气而以酷装打扮，切忌过多的饰物。

（9）教学人员：着装得体大方，整洁干净。发音以普通话为标准，不着奇装异服。饰物以少为佳。

（10）体育运动人员：一般为专业运动装，衣着得体大方，款式新颖多样。

九、如何提高面试表达技巧

谈吐就是形象，言语就是设计，为此，应该注意：一是实实在在地说心里话！二是平时就要注意加强训练。

（一）展现良好的说话方式

（1）讲普通话，避免地方口音；

（2）发音吐字，男士强而有力，女士柔和悦耳；

（3）语调表达抑扬顿挫，情绪饱满；

（4）声音清晰，停顿干脆；

（5）语言简洁，清楚明了；

（6）音量恰当，快慢适中，节奏清楚。

（二）纠正错误的说话方式

（1）语音沙哑，粗糙刺耳；

（2）呼吸急促，倍感不安；

（3）声音过大，语速过急；

（4）声音过小，吞吞吐吐；

（5）语气平淡，气氛沉闷；

（6）声音倦怠，语速过缓；

（7）鼻音过重，口齿不清。

十、面试注意事项

1.了解应聘单位

求职前，必须对用人单位的行业特点、创业历史、人员构成、经营状况、发展前景、地理位置等情况进行一定的了解，以免由于陌生而产生恐惧感。

2.做好面试前的心理准备

所谓心理准备，就是要正确认识自己、认识社会、认识生活、认识岗位。在尽可能了解用人单位的情况下，克服各种心理障碍，调节好心理状态，积极参与面试竞争。

3.注意首因效应，争取给对方留下良好的第一印象

一个仪表整洁、充满活力、诚实有礼、精明干练的人很容易给人留下良好的第一印象。因此，参加面试前，应该设计好自己的形象，在面试时善于应用自己的微笑和眼神，让人很快记住你。

4.体态自然、举止文明

我们学习过体态语言的运用技巧，在求职面试时，更需要合理地运用自己的体态语言。

十一、如何制作求职资料

（一）正确写作求职信

求职信是在求职时向某个企业、事业单位推荐自己，希望得到对方聘用的礼仪书信。

求职信是以书面形式与用人单位进行的第一次接触，是双向选择的桥梁，它会给用人单位留下或好或差的第一印象，而这一印象的好坏，往往会影响求职的成败。因此，对求职信绝不可掉以轻心、马虎从事，务必精心构思、认真运笔、反复修改，尽可能写得得体、达意、规范，力争给用人单位留下良好印象，争取在众多的求职者中领先一步。

1.求职信的特点

求职信写作时要讲求针对性、自荐性和独特性。

针对性：要针对求职单位的实际情况、所求岗位的职责、读信人的心理和个人的求职目标，否则，求职信会因为针对性不强而石沉大海。

自荐性：要恰当地推销自己，在写求职信之前，应该做到知己知彼，既了解个人的优势和特长，又能读懂求职岗位的需要，并使自己的优势尽量贴近岗位的需要。

独特性：内容和形式要不同于一般，避免千篇一律。

2.求职信的四个要素

（1）求职目标：你要求到什么公司或什么单位工作，你想做什么工作，这一点必须明确，绝不能模棱两可。

（2）求职缘起：交代求职的理由，说明你为什么要到该公司工作，你想获得这份工作的原因是什么，回答这些问题时，切记简洁，不要啰嗦，既要实事求是，又要机智灵活。

（3）求职条件：这是求职的关键。写作时，要善于扬长避短，针对求职目标，表现自己的主要业绩和优势，在陈述自己的求职条件的时候，一定要恰如其分。过于卑怯，读信人会认为你没有信心，缺乏进取心和创造力；一味浮夸，读信人会觉得你不知天高地厚，做事不踏实。

（4）附件：附在信末的、起着证明或介绍作用的有关材料。包括个人简历，所学专业课程一览表，各门课程的成绩一览表，发表的论文或论著，单位、学校或某个教授、专家的推荐信等。附件在求职信的写作中具有重要意义，它不仅让读信人对你有具体的了解，还可增强其对你的信任感。

3.求职信的基本格式

求职信的写作格式一般由六部分组成，即称呼、开头、正文、结尾、附件、署名日期。

称呼：对读信人的称谓。由于读信人是公司或单位的负责人，故可直呼对方为“尊敬的×公司负责人”、“××厂厂长”、“×企业经理”等。求职信不同于一般的私人书信，故称呼时应注意不要用“亲爱的”、“我最尊敬的”等刺人的字眼。为了礼貌起见，可用“尊敬的××”来称呼。

开头：求职信的开头，一般为问候语，但也应该表明写信的目的，表述时应简洁，能吸引读信人看下去。

正文：正文是求职信写作的重点。一般应交代求职的原因，并注意表现个人的主要成绩，突出优势。

结尾：主要是强调愿望和要求，写明个人的联系方法。

附件：如前所述，选用的证明材料，应有必要的签名和盖章。

署名日期：写在结尾右下方，署名要端正、清楚，日期要把年月日写全。

（二）精心制作个人简历

1.围绕一个求职意向

如果你有多个求职意向或发展方向，最好制作多份不同的简历，在每一份简历上突出表现自己的求职意向。

2.把简历看作推销自己的广告

简历一般限制在一页纸内，用A4纸，简短且富有感召力。工作介绍不要以段落的形式出现，尽量运用动宾词语或短语，使语言鲜活有力。

3.陈述有利的信息

招聘者一般要求应聘者具备相应的教育背景、工作以及技术水平，应聘者应该在简历中诚实、大胆地表现自己，可以强调个人的成就，但千万不能弄虚作假，以免弄巧成拙。

4.避免各种错误

求职信或简历中经常会出现印刷错误、语法错误及标点符号等错误。要避免这样的错误，有必要的话，最好找一位擅长校对的人帮助检查一下，自己再检查一遍。另外，简历的措辞应该明确，避免模棱两可。

5.制作精致，赏心悦目

一份精美的简历是一个人成功求职的敲门砖。制作精致的简历会令招聘者读之赏心悦目，同时能体现求职者的文化素养和美学品味等。

6.注意简历内容设计及写作特点

（1）个人信息：简明扼要、具体。

（2）求职意向：机动处理，多元处理，具体内容或具体或宽泛。

（3）教育背景：按照时间逆序写，突出主干课程。

（4）实习经历：工作职责清晰，突出成就和结果。

（5）校园活动案例：强调技能的提升。

（6）奖励情况：强调奖项的级别。

（7）个人技能：分类、具体。

（8）个人特长和爱好：具体、有针对性，扬长避短。

（三）找到合适的投递方式

求职信、简历准备好以后，还有必要准备好与求职相关的辅助材料，包括毕业证书、资格证书、荣誉证书等复印件，这些资料统称为求职资料。准备好求职资料以后，需要关注的问题就是如何将自己的求职资料投递出去。投递的方法有三种：一是搜集适合自己的岗位后，按照相关要求将资料寄出去，或者通过邮寄，或者通过网络；二是按照求职网站的要求把个人的求职信息挂到网站上，当用人单位通过网站选择人才的时候，他们会以求职意向作为关键词，搜索到你的资料，如果对你感到满意，就会给你发邮件或者打电话，通知你面试；三是通过求职网站到企业网站人才库中填写个人简历，等待企业合适的用人机会。

无论是“投送”还是“挂”求职资料，都必须选择那些信誉好、信息量比较大的专业求职网站，按照要求100%完成个人的信息填写，并及时进行更新，才更容易得到正规企业的青睐。

进行求职面试

一、如何展示良好的沟通能力

求职应聘的过程中，应聘者需要始终表现出自己良好的沟通能力，也就是说，必须懂得尊重他人和恰当地表现自己。

（1）入室面试之前，应该认真检查自己的装束，理清思路，平复心境，然后轻叩两下房门，得到考官的应允后方可进入。进入面试室以后，转身将房门轻轻带上，然后缓慢转身，轻松自然地走向考官。

（2）主考官点头微笑，你应该给予热情回应：“您好！我是小王，这是我的个人资料，请过目！”如有名片，可以先呈上名片，再呈上你的资料。如果主考官主动伸出手来，就应报以亲切而温和的握手，切忌主动去和主考官握手。

（3）主考官请你坐下时，你应该轻轻落座，落座后，两膝并拢，将手放在膝头或沙发扶手上。坐姿要端正，面向对方，精神饱满，合乎规范。

（4）回答考官所提出的问题时，需要围绕你所应聘的职位，突出自己所具有的能力和特长，当然也没有必要把自己说得十全十美。总体来说，应聘者需要沉着冷静，坚定自信。

（5）注意把握好讲话的时间，不能长篇大论，以免弄巧成拙。告辞时，要感谢对方给了你这次面试的机会，面带微笑，礼貌地说："再见"。走到门边时，再停下来说声"谢谢"，然后离去，给人留下美好的印象，善始善终。

二、如何把握自我介绍

在求职面试时，绝大多数应聘者都会面临这样的问题："请你做个自我介绍吧。"有的人会立即作出反应："自我介绍？哦，我叫李某某。"这看起来完全没有进行过训练，面试的效果也就可想而知了。

面试考官让应聘者做自我介绍，其目的有两个：一是想了解应聘者的基本情况，二是考察应聘者的沟通能力、应变能力和心理承受能力以及逻辑思维能力等。想要取得面试的成功，就不得不重视自我介绍，这是推销自己的好机会，是打动面试考官的绝佳时机。那么，自我介绍的时候，需要注意哪些问题呢？

（1）接到面试通知后，最好事先围绕求职意向准备自我介绍，然后试着背诵几次，感觉一下。

（2）自我介绍时首先应礼貌地做一个极简短的开场白，比如："你们好！我是某某学校某某专业的毕业生某某。"并向所有的面试人员（如果有多个面试考官的话）示意，如果面试考官正在注意别的东西，可以稍微等一下，等其注意力集中时才开始。在规定的时间内完成自我介绍，最好不要超时，但也不能太简短。

（3）短短的几分钟自我介绍，犹如商品广告，针对"客户"的需要，将自己最美好的一面毫无保留地表现出来，不但要令对方留下深刻的印象，而且要即时引起"购买欲"。面试考官最希望通过面试找到公司需要的人才，因此，他们首先想知道你能带给公司什么好处。由于你的姓名、工作经历和工作时间等内容在你的简历表上已经写清楚了，所以自我介绍的时候不必重复这些内容，应该更多地谈一些跟求职意向有关的工作经历和所取得的成绩，以证明你确实有能力胜任你所应聘的职位。最理想的办法就是展示过去的成就，例如你曾经参加学校网页设计比赛或者文字录入等比赛，并获得了奖项或赞扬。

（4）应聘者可能拥有众多的成绩或者优势，但在自我介绍中不可能面面俱到，应该选择与应聘公司和应聘岗位有关的内容。如果应聘电脑软件公司，应该说电脑软件方面的话题；如果应聘会计员，就跟对方谈账务管理方面的事情；如果是机械操作方面的职位，那就一定要表明你的操作技能很强。总之，应聘者必须投主考官所好。

至于先说什么，后说什么，应该由你事先做一个安排和调整。先说的，应该是你最想让别人记得的事情。当然，自我介绍里的内容都应该是必要的，一定要避免讲废话、空话。

（5）在自我介绍当中，必须留意自己在各方面的表现，切忌以背诵朗读的口吻介绍自己。最好事先找些同学一起进行训练，尽量令自己的口吻听起来流畅自然，充满自信。

（6）自我介绍时，身体语言尤其是眼神接触也是重要的一环。最好跟面试考官进行眼神上的交流，但也不能目不转睛地注视着对方，应该注视对方肩以上的部位。不需要太多的手势，应保持正式场合中的坐姿。

三、如何做好问题应答

（1）当招聘人员问“你希望自己每月的薪水是多少”时，如果你要求的薪水太低，那就贬低了自己的能力；如果要求太高，公司无法接受，他们会考虑拒绝你。怎么办呢？面试之前，应该了解自己所从事工作的合理的市场价值，“根据我的了解，这个职位的行情大概是……”，这样回答有一定的回旋余地。

（2）面对“请你谈谈你自己”这样的问题，你将如何作答？这个问题具有开放性，也是最具典型性的一种开场白。回答这样的问题，应该把重点放在工作业绩、专业水准、特殊技能以及潜在的能力和发展方向上。为了谈话的真实性，你可以举一些实际的例子，围绕你准备应聘的工作，谈谈你自己，不需要长篇大论，回答完毕后还可以询问考官：“请问您还想了解一些其他方面的事情吗？”

（3）“你知道自己的优缺点吗？”这个问题用人单位很想知道，回答这样的问题应该诚实，要辩证地看待自己。表述优点的时候，应该考虑那些与工作有关的优点，比如学习能力强、适应能力强、人际关系良好、不怕艰苦等。表述缺点时也不要翻自己的老底，模糊地回答就可以了，比如：“我的朋友说我这个人很容易迁就别人，心肠太软了。”“我的父母总是说我考虑问题不够成熟。”“我感到自己的缺点就是自己的优点，我做事情太认真了，因此，比较欠缺创新精神。”

（4）有一些求职面试的问题是面试官用于考察你的应变能力的，比如：“我们考虑你没有工作经验，不知道你是否适应我们的要求？”、“我认为你太年轻了，不能适应我们公司的发展要求，你怎么想？”等。面对这类问题，不必紧张，要沉着应战，巧妙回答，比如：“是的，我比较年轻，但我认为年轻人有活力最重要。”、“我想工作单位就是一个演练场，对于渴望成长的年轻人来说，它具有非常强烈的吸引力。我很向往贵公司。”

（5）绝大多数的面试考官都很平易近人，而且你们将来可能就是同事。尽管如此那些看似拉家常的话语，也应该认真对待，尊重对方。

四、如何进行面试总结

每次面试结束以后，没必要过分纠结于结果，因为结果你已经无法决定了，但你能静下心来，及时进行面试总结。面试总结的问题大致如下：

（1）你的衣着、仪容是否整洁？

（2）你的行为、举止、口语是否得体？

（3）你的态度是否诚恳？

（4）你是否表现得轻松自然、自信沉着？

（5）回答问题时，是否切合主题，逻辑思维是否清晰？

（6）考官对你的话是否感兴趣？

五、如何识别求职陷阱

目前，毕业生在求职的过程中需要特别小心，谨防掉入各类求职陷阱。求职时，需要观察各类人才市场是否有物价局批准的各类费用。网上求职时更需要谨慎。

陷阱一：以虚假信息骗人。利用招聘网站，公布过时信息、垃圾信息甚至虚假信息，实际是为了做广告提高单位知名度，有些单位甚至是招聘网站有意杜撰出来的。

陷阱二：骗取手机号码、银行账号及社会保险账号。以招聘为名，要求求职者把自己的信用卡号、银行账号、社会保险账号、身份证或者身份证复印件发送给他们，然后利用这些个人机密信息进行诈骗。

陷阱三：骗取免费劳力。比如，曾经有外语专业的学生，通过招聘网站应聘一家公司，该公司以考查他的翻译能力为由，发送一些英语材料让他翻译，可翻译了好几次之后，仍没有得到该公司录用的表示。

陷阱四：以培训、押金等名义骗钱。打着职业培训或者车辆押金、产品押金等幌子骗取求职者的钱财。

陷阱五：冒充酒店部门经理收取介绍费、体检费、服装费、档案费或者照片费等。

陷阱六：利用招收“加盟者”或“分销商”为借口骗钱。

陷阱七：几家公司联合起来，通过介绍周转，设下连环骗局骗钱。

六、如何识别虚假招聘

（1）爆炸式招聘：一招就是几十甚至上百人，从总经理到基层员工全部都招，这类型的招聘要慎重；

（2）永久式招聘：一家公司常年将招聘广告放在网上，这样的公司要小心；

（3）单线式招聘：联系方式模糊，显示“心虚”，要谨慎；

（4）垃圾式招聘：满大街贴的小广告多半是虚假广告；

（5）色情式招聘：打着急招“公关主任”的字样招聘，低要求、高薪水，骗你没商量；

（6）无底薪招聘：不提供底薪，承诺会有高额提成，这类广告莫轻信；

（7）中介式招聘：招聘条件低，不透露公司细节，收取费用，通常不会有好工作，有时还是中介和用人单位合伙设下骗局，引人入彀。

适应职业要求

一、如何进行劳动保护

（一）了解劳动合同的相关内容

根据《劳动法》的规定以及各地的实践，劳动合同一般包括以下内容：①合同期限；②工作内容；③劳动保护和劳动条件；④劳动报酬；⑤劳动纪律；⑥劳动合同终止的条件；⑦社会保险、福利待遇；⑧违反劳动合同者应当承担的责任；⑨双方认为需要规定的其他事项。

其中，前八项为法定条款，第九项为协商条款。法定条款的具体内容，有些也需要协商而定；协商条款的具体内容，有些也需要依据有关规定协商。总之，两种条款的制定，均不得违背法律、行政法规的规定。

劳动合同制是一种新型的用工制度，是我国改革劳动制度的主要形式。签订的劳动合同必须符合我国《劳动法》的基本精神，因此大家在签订劳动合同之前，应该认真地阅读合同的有关条例。合同一般分甲方与乙方，甲方是用人单位，乙方就是你本人，合同的主要内容包括甲方、乙方所应履行的义务和所应享受的权利。发生劳动纠纷时，劳动合同就是处理纠纷的依据。如果合同提及，就应该按照合同处理；如果合同没有涉及，则需要与用人单位共同协商；如果双方协商不了，可以提请当地劳动与就业保障部门的劳动仲裁机构进行调解或者诉诸于法律机构。

我国劳动与社会保障部颁布的《关于贯彻执行〈中华人民共和国劳动法〉若干问题的意见》，对无效劳动合同作了具体解释，“无效劳动合同是指所订立的劳动合同不符合条件，不能发生当事人预期的法律后果的劳动合同”，“劳动合同必须经双方当事人协商一致后才能签订，职工被迫签订的劳动合同或未经协商一致签订的劳动合同为无效劳动合同”。

《劳动法》第十八条规定，劳动合同无效有两种：一是违反法律、行政法规的劳动合同；二是采取欺诈、威胁等手段订立的劳动合同。“欺诈”是指一方当事人故意告知对方当事人虚假的情况，或者故意隐瞒真实的情况，诱使对方当事人做出错误意见表示的行为；“威胁”是指以给公民及其亲友的生命健康、荣誉、名誉、财产等造成损害为要挟，迫使对方做出违背真实意思表示的行为。

《劳动法》第十八条规定，“劳动合同的无效，由劳动争议仲裁委员会或者人民法院确认”。劳动合同的无效，经劳动争议仲裁而未引起诉讼的，由劳动争议仲裁委员会认定；经仲裁引起诉讼的，由人民法院认定。劳动合同是否无效，不得由双方当事人认定。

（二）确立劳动关系

确立劳动关系的有效凭证是签订了劳动合同，有些用工单位未与劳动者签订书面劳动合同，依据我国劳社部发〔2005〕12号文，同时具备下列情形的，劳动关系成立。

（1）用人单位和劳动者符合法律、法规规定的主体资格；

（2）用人单位依法制定的各项劳动规章制度适用于劳动者，劳动者受用人单位的劳动管理，从事用人单位安排的有报酬的劳动；

（3）劳动者提供的劳动是用人单位业务的组成部分。

用人单位未与劳动者签订劳动合同，认定双方存在劳动关系时可参照下列凭证：

（1）工资支付凭证或记录(职工工资发放花名册)、缴纳各项社会保险费的记录；

（2）用人单位向劳动者发放的“工作证”、“服务证”等能够证明身份的证件；

（3）劳动者填写的用人单位招工招聘“登记表”、“报名表”等招用记录；

（4）考勤记录；

（5）其他劳动者的证言等。

其中，（1）、（3）、（4）项的有关凭证由用人单位负责进行举证。

（三）提高权益保护意识

1.主动了解个人权益

劳动者的权益主要包括平等就业和选择职业的权利、取得劳动报酬的权利、休息休假的权利、获得劳动安全卫生保护的权利、接受职业技能培训的权利、享受社会保险和福利的权利、提请劳动争议处理的权利以及法律规定的其他劳动权利。

毕业生应着重了解就业权益，包括获取就业信息的权利，接受就业指导的权利，被推荐就业的权利，自主选择职业的权利，就业中的公平待遇权，违约及求偿权，档案保留权以及国家规定的其他权利。

毕业生权益通过各地就业主管部门进行保护，所在学校是实施保护的主体，毕业生需要在学校的指导下学会进行自我保护，熟悉有关的法律法规，如《中华人民共和国劳动法》、《中华人民共和国劳动合同法》、《中华人民共和国就业促进法》等。

2.识别问题企业

所谓问题企业，主要是指无证经营的假企业，俗称借“壳”；纯粹家庭式管理的企业；管理混乱的企业；连年亏损的企业；缺乏长远规划和竞争力的企业。这些问题有的在短时间内很难发现，但等到进入企业后再发觉就迟了，就业时间成本受损不说，心理上容易受挫，因此要学会识别，尽可能避开问题企业。

（1）可以通过网络查询了解企业，看是否有独立的网站，有没有不良报道；

（2）咨询劳动保障监管部门，了解企业的诚信情况，是否有劳资纠纷等问题；

（3）在面试时注意招聘主考官的表现，他们的言谈举止易暴露企业的痕迹，从主考人员的提问来辨析有无昭示企业发展的轨迹与企业文化内涵；

（4）入职初期，观察用人单位办公环境是否有经营许可证等凭证，观看同事们的状态是否正常，侧面了解公司的经营状况，再看企业是否主动提供劳动合同的文本，以及文本是否正规、完整等；

（5）若企业的办公地址设在民宅或社区里，则要慎重选择，这些企业往往是为了最大程度降低成本，有避税的可能，或许还处在筹备期。

3.试用期间的自我保护

试用已成了不少用人单位在招工时的普遍做法，这是受法律保护的。但在试用期内，不签劳动合同、不缴社保、随意延长试用期，或者试用期间权益受损等现象，已成为广大学生就业中很无奈的遭遇。有媒体调查发现，大约90%的学生在转正前，都被用人单位先试用，然后才签订劳动合同，其间合法权益很难保障。需要清楚的是，试用期是用人单位和劳动者建立劳动关系后为相互了解、选择而约定的不超过6个月的考察期，它包括在劳动合同期限内，受法律保护。《劳动法》对试用期的期限、辞职等都有明确细致的规定。同学们求职时，莫让雇主将试用期从劳动合同中剥离出去，不要忽略了试用期间应有的劳动保障，“五险一金”都不可少，还要警惕保证金、押金之类的骗局。

4.识别各类陷阱合同

口头合同、单方合同、生死合同、“两张皮”合同等都是存在严重缺陷的合同形式。口头之约缺乏保障，求职者应签署书面劳动合同来保护自己的合法权益；单方合同通常表现为只讲劳动者的义务，不讲权利，或者避而不谈企业应承担的责任与义务；生死合同避重就轻，让劳动者自行做出某种不利选择，一旦发生争议，企业就以合同是“自愿”签署为由拒绝承担责任；“两张皮”是指一份同用于真正执行，一份用于应付检查，劳动者有时为了一份工作被迫造假为企业作掩护。

陷阱合同不难识别，难在当劳动力供求失衡时，求职者为得到工作，明知是陷阱，也甘愿一试。所以，建立正确、理性的求职观念更为重要。

（四）正确处理劳动争议

处理劳动争议，可遵循的法规有《中华人民共和国企业劳动争议处理条例》以及各省颁布的相关条例，我国目前的劳动争议处理制度可以用“一调一裁两审”来概括，即发生劳动争议后，当事人除先进行协商外，还可以申请劳动调解，调解不成或者不愿意调解的，当事人可以向劳动争议仲裁委员会申请仲裁；对仲裁裁决不服的，可以向人民法院提起诉讼，其诉讼程序按照民事诉讼法的规定，实行两审终审制。“一调一裁两审”的制度将仲裁作为诉讼的一个前置程序，不经仲裁，当事人不能直接向人民法院提起诉讼。处理劳动争议大致有三个问题需要注意：

1.了解自己提出辞职时应承担的责任

一是与单位协商，主动提出解除合同的，按照相关规定，此类情况企业不予支付经济补偿金；二是个人违反劳动合同约定解除合同时，个人应当赔偿公司的损失，包括公司出资招录的招录费用、培训费用（双方另有约定的除外），以及给公司造成的直接经济损失；三是个人自动离职，属于违法终止合同，赔偿方式跟第二种相同。

2.主动索要企业的离职证明书

离职证明书是解决劳动争议，为日后到新企业工作工龄的延续、险金续交等情况提供证据，离职时应该主动索要离职证明书。

3.注意保存相关证据

与企业发生争议的原因有多种，而企业作为劳动合同强势一方，往往利用自身的优势，将相关证据或隐瞒或毁灭，把责任推脱得一干二净。劳动者本人应该懂得保存相关证据，以便保护自身的权益。

二、顶岗实习期间如何维权

《国务院关于大力发展职业教育的决定》中规定，职业教育要坚持“2+1”的教育模式，即在校学习两年，第三年到专业相应对口的指定企业带薪实习3～6个月，然后由学校统一推荐就业。它不同于其他诸如毕业实习、试用、见习等方式，被称为“顶岗实习”。

顶岗实习期间，学生需要完全履行实习岗位的所有职责，独当一面，具有很大的挑战性，对学生的能力锻炼起很大的作用。顶岗实习以后，可以完全解决毕业生求职时“没有工作经验难就业，而不能就业也就没有工作经验”等尴尬的局面。但由于现阶段我国还没有完善的有关学生实习制度和权益的法律保障体系，没有统一的规定和程序，加上一些用人单位不签订实习权益保障协议，双方的权利义务不明确，顶岗实习期间一旦出现工伤、酬薪等权益方面的纠纷问题，学校、学生、实习单位都会处于尴尬境遇。因此，作为实习生，应该主动学习维权知识，树立维权意识，了解维权途径和方法。

1.必须签订实习合同

就目前现实状况来看，学生本人并不具备要求用人单位签订实习权益保障协议的主动权，用人单位也没有与实习生签订保障协议的主动意识。因此，学校管理者应有针对性地制订一些实习规范性文件，并尽可能和实习单位达成一致。由学校、学生、用人单位三方签订学生实习协议，协议必须遵循我国《促进就业法》等相关法律法规，最大限度地保障实习学生的个人权益。

2.遵循学校、学生、用人单位“三方保险”制度

按照要求，所有参加“顶岗实习”的学生首先都自行购买了至少一份人身意外伤害险；其次，学校方面也要为学生购买一份保险，其保险费由企业承担，即实习单位出资，投保人为校方；同时还应要求实习单位为学生购买一份保险。这样即可改变以往“学生怕

万一出事没保障而不愿意实习，学校怕学生顶岗实习出了事单位不赔偿、学校无力承担而不敢让学生实习，单位也怕学生出事不敢让学生来顶岗实习”的局面。

3.加强与学校和老师的联系

目前，全国各地已经组织成立了学生合法权益保障与服务中心等专门机构，这为维护顶岗学生的合法权益起到了重要作用。学生不管在何时、何地，因何种原因，其合法权益受到损害时，都应该迅速找到实习指导教师或者班主任，合理合法、有力有节地解决问题。

三、如何适应本职工作

工作环境是每一个毕业生在新的人生旅途中工作、学习、生活的重要场所。到了新的工作单位，尤其是基层单位，难免有不如意之处。而对这一切，要在辩证地分析和看待人生的基础上，以积极、热情的态度投入到新的工作环境中，在工作中寻找自己的最佳角色状态。在现实生活中，无论是机关事业单位还是工矿企业，无论是国有企业、集体所有制企业，还是外商独资企业、个体私营企业，各行各业都有着自身独特的工作氛围。要想成就事业，就必须学会适应新的环境，从跨入工作单位的第一天起，就应主动地把自己融入新环境，遵章守纪，服从安排，积极主动地工作。在工作中要不怕困难，勇于吃苦，不断地磨炼自己，牢固树立从小事做起、脚踏实地的思想，养成良好的工作习惯，严肃认真地做好本职工作，不可懒散、自负、轻浮，更不可推诿工作。要遵守劳动纪律，注意安全生产，不随意串岗，不迟到、早退。

刚进入工作单位，会同时遇到许多新的工作问题和生活问题，有许多东西需要学习。因而，生活的强度、难度、紧张度都较大，这势必要消耗很多的时间和精力，有时甚至会把自己搞得焦头烂额，筋疲力尽。这就要求我们根据环境的变化及时调整生活规律。如果调整得快而好，则有利于提高对环境的适应能力，使自己尽快进入工作角色。

刚工作时，正常的工作秩序、生活规律尚未完全建立，因而要求我们既要稳而不乱，又要善于分清主次矛盾，分清工作的轻重缓急，同时，还要注意不要急功近利、急于求成，以免分散精力，出现欲速则不达的情况。随着对工作环境的熟悉、对职业生活的适应，业余时间逐渐增多，科学地安排业余生活颇为重要。业余生活既要有利于培养自己的兴趣爱好，打开人际关系的局面，调节生活规律，丰富生活内容，也要有利于劳逸结合，消除工作疲劳，提高个人素质和工作效率。

四、如何建立良好的同事关系

刚刚参加工作时，不少人感到最棘手的问题并不是工作压力大，而是不知怎样与同事相处。有人认为同事之间利益冲突比较大，不可能像同学关系那样融洽，有人认为自己不被同事欢迎，有人认为老员工倚老卖老等。这些认识都阻碍着良好的同事关系的建立。

建立良好的同事关系，方法很简单。我们可以参考下面的方法：

第一，在生活中多谅解对方，主动与同事打招呼，关心自己的同事。

良好的沟通能力是建立良好人际关系最主要的途径。虽然我们年纪小，但同事之间的关系是平等的，当我们礼貌地、热情地对待别人时，别人回报我们的也将是礼貌和热情。

第二，在工作中，多征求同事的意见，尊重他们，真诚地对待他们。

尊重同事，尊重前辈，是职场成功的关键。要根据本职工作的要求，努力学习、虚心学习，不怕别人指责。每个人都需要这样的成长过程，别人指出我们的错误，我们应当感激，因为纠错就是为了避免错误的再次发生。

第三，信守诺言，不斤斤计较，勇于承认错误，敢于承担责任。

实际上，处理职场中的人际关系最根本的方法就是做好本职工作，勇于承担责任。我们在岗位上每天需要工作8小时或更长的时间，不喜爱岗位，不热爱工作，这将是一件多么难受的事情呀。热爱工作，努力进取，通过我们的劳动，获得我们的生活所需，通过我们的辛勤劳动，取得社会的认可。这既能实现我们的人生价值，又能受到同事们的认可。

寻找创业之路

一、如何做好创业准备

（一）在实践中成才

衡量一个人的人生价值，不仅要看其在物质上的拥有和享受，更要看其对社会、对人民的贡献。现在的年轻人，比较普遍地存在着自我奋斗、个人致富的心理，更多的是自我价值的实现，而对家乡的富裕、祖国的繁荣思之不多。更高的人生意义应该是人的社会价值，是对祖国、对人民有贡献，对社会、对家乡有建树。因此，我们不仅要提倡为个人致富而创业的精神，更要提倡为振兴中华而创业的精神，提倡为他人谋利的奉献精神。江泽民同志在北大百年校庆大会上的讲话，向当代青年提出的四点希望中的第一点，就是“坚持实现自身价值与服务祖国人民的统一”。有志青年自力更生的创业之路，既是实现自我价值、铸造闪光人生的壮举，也是为推动社会进步、促进经济发展作贡献。所以说，创业是人生价值的充分体现。

我们把成功的创业者称为人才，是因为他们具有全能型的素质，在他们身上有科技之才、经营之才、管理之才和最为宝贵的创造之才。这种才干绝不是单靠学校就能培养出来的，而是在创业的实践中逐步实现自我完善的结晶。毕业生经过在校几年的刻苦学习，既有较扎实的科学文化知识，又具有一技或多技之长，尽管还不太成熟，不够完美，但只要咬定目标，奋力拼搏，在实践中谋业、创业、兴业，就一定会走上成长、成熟、成才的创业之路。

立志创业，必须敢闯敢为，有胆有识，这样才能变理想为现实。尤其是在创业的起步阶段，遇到挫折和困难的时候，更要充满自信，克服自卑和畏缩心理。创造并不神秘，凡是具备正常思维、能够独立思考的人，无论男女老少，都能从事创造发明。那些总认为自己有创造能力的人并非确有多大的创造力，那些总是认为自己缺乏创造力的人也并非确无创造力。正是自我怀疑、自我贬低的心理障碍，抑制了创造力的发挥。毕业生应充满朝气、富有活力，在创业的道路上，充分施展自己的才华，发挥自己的潜能，去开创一番崭新的事业。

（二）坚持走创业之路

任何活动都离不开一定的目标。创业活动是一项复杂的社会实践活动，尤其需要找准目标，果断决策，胸怀大志，勤奋创业。

第一，业无贵贱，志有高低。

凡是社会所需要的、对社会有益的行业，都是有意义的。行业无贵贱，行行能创业。在这些行业中，创业者和从业人员的劳动和创造都应当受到尊重。在选择创业目标时，不要听世俗偏见的蜚语，也不要受到陈规陋习的制约，自己认定大有可为的发展目标，就要咬定不放。无数创业成功者的实践告诉我们：荣辱誉毁，成败得失，并非取决于行业的所谓贵贱，而在于创业者的胆识和走向。个人理想与社会责任并重，不以职业贵贱、地位高低论英雄，乐观自信地在平凡的岗位上艰苦奋斗，顽强拼搏，脚踏实地，大胆创新，志存高远，开拓进取，技高一筹，经营有方，这是创业者应有的本色和成功的诀窍。

第二，把握机遇，果断决策。

创业需要条件，也需要借助于机遇。创业机遇往往就在每一个人的身边。但如果对其视而不见，机遇也会稍纵即逝，与之擦肩而过，关键在于创业者如何认识、发现和把握机遇，如何正确处理条件与机遇的关系。对创业者来说，机遇的把握不是从机遇的出现开始的，而是在机遇出现前的条件准备阶段就开始了。机遇来了而抓不住，往往是条件准备不充分的反映；反之，条件准备得越充分，可供把握的机遇就越多。有了条件，就不愁没有机遇。创业决策，是指创业者对未来创业实践的方向、目标、原则和方法所作出的慎重选择和决定。创业者一旦把握了一个难得的创业机遇，选定了一个理想的创业目标，就应该不失时机地果断决策。正确的创业决策能够指导实践，少走弯路，加快创业进程，确保创业成功。

第三，胸怀大志，勤奋创业。

小作坊式“小业”的创始者未必都能成长为“大业”的创业者。部分人从“小业”逐步做到“大业”；另一部分人多年经营，却“小业”依旧，或早已偃旗息鼓。其中固然有多方面的原因，但最关键的是前者具有“此生非创一番大事业不可”的雄心壮志，而后者无此壮志或有而不坚。前者因为有了“大业在心”的目标追求，才能兢兢业业地经营好手中的“小业”，锲而不舍地求生存、图发展，在艰难险阻和挫折失败面前千方百计、矢志不渝地勇往直前。而后者的无所发展或半途而废，就是因为缺乏“大业在心”的信念和雄心壮志。胸无大业之志者，在创“小业”中容易产生满足现状、小富即安的心态，“今朝有酒今朝醉”。于是，随着岁月流逝，“小业”依旧，甚至得过且过、不求进取，受小挫就气馁，遇大挫就转舵，轻易地丢掉这行干那行，一年一个新行当，到头来行行不精，事事无成。由此可见，在干“小业”时，必须胸怀大志，心系“大业”。在干“小业”的过程中，要时时不忘为创“大业”打基础、做准备，积蓄能量，创造条件，逐步发展，不失时机地向“大业”飞跃。

（三）提高自身素质及技能

在校生毕业以后可以选择继续深造，但大多数人会选择就业。工作三五年以后，不少人也许就开始自主创业。要实现自主创业，从现在开始就应该做好心理准备，积极地储备知识，练就过硬的技能，塑造具有创新品质的人格。拥有一家企业并自己做老板是许多同学的理想，如今这样的理想并不难实现，主要取决于你的素质以及你的个人愿望。有了愿望就应培养自己的素质，靠素质取胜是根本的途径。这些基本素质和技能包括敏锐的观察力、一定的心理承受能力、较强的组织管理能力、良好的人际交往能力、良好的专业技能。

现代化企业的老板首先必须是个出色的人，身上具有一些基本的人格特征，比如说正直、仁慈、温和、坚定、耐心、心胸宽阔并善于接纳别人等。这些基本素质也是我们的立身之本。如能拥有，实际上你就已经可以尝试做个小企业的老板了，你可以大胆地去筹资、立项、找场地、组织人员等。经过点点滴滴的实践活动以及经验积累，你就能够成为一个真正的老板。

（四）准备物质基础

筹集创业资金一般有两个渠道：一是创业的资本金；二是银行贷款金。专家们还建议采用合伙创业、家庭创业等形式，或从低成本的虚拟店铺入手。

投资专家分析，没有社会经验、不具备资金的调控能力的人，并不适合创业。从这个意义上说，即便是参与家族生意，也应该先从基础工作做起，直接参与资金的筹备等工作，积累经验。

（五）了解法规政策

1.创办企业的相关法律

主要有《中华人民共和国公司法》、《中华人民共和国公司登记管理条例》、《中华人民共和国企业法人登记管理条例》和《中华人民共和国私营企业暂行条例》等法律、法规和规章。其中还包括注册资金的最低限额限制。清楚了解这些相关法律，对遵纪守法、依法创业非常有帮助。甚至还应该了解“经济法”、“合同法”等。

2.优惠政策

为鼓励毕业生创业，国家出台了一系列优惠政策，如免费风险评估、开展创业指导培训、担保贷款筹资等。各级政府也成立了“促进就业基金”，愿意为毕业生创业提供担保。此外，个体经营也可以享受不少的优惠政策。目前，我国正在逐步建立有效的导向机制和激励机制，促进青年学生毕业以后自主创业。

二、如何进行实际创业规划

（一）寻找创业机会

初步预选好一个项目之后，必须对所选的项目进行深入、细致、认真的市场调查，以确定是否选择该项目进行投资开发。要全面了解其可行性、风险的大小及前景，还需要进行周密的市场调查，比如，创业项目的市场需求调查，长远项目的购买力与供应量关系调查，创业的竞争对手经营状况调查等。在此基础上，从技术和经济角度对所选项目进行评估、测算，最后确定切实可行的创业项目。

在市场调研基础上，对所欲创业的产品进行市场预测。市场预测的主要内容包括市场需求预测、消费品购买力及其投向预测、市场商品价格变动趋势预测、商品市场寿命周期预测、市场占有率预测、营销发展趋势预测、产品所需资源预测、产品出口与国际市场竞争力预测，等等。

在分析自身条件和了解创业机会的基础上，创业者可以对创业项目做初步的选择，即选择创业的切入点。创业者首先要对现阶段的国家政策进行认真学习、深刻领会，明确哪些行业是国家政策鼓励发展的，哪些是加以限制的。创业项目首先要有发展前景，绝不能因利益驱动的短期行为而贻误自己的远大前程；其次应选择自己熟悉的社会经济热点。当然，从传统市场中找一块适合自己生长发展的空间，也是成功的创业。

（二）拟写创业计划书

1.计划概要

这部分主要是说明资金需求的目的，并摘要说明整份计划书的重点，目的是为吸引投资者进一步评估的兴趣（一般不超过2页纸）。该部分的主要内容：公司名称与经营团队介绍；产品介绍与市场前景；经营构思与策略；申请融资的金额、形式、股权比例、价格及时机；资金需求的时机与运用方式；总计划成本与预算资本额；整份计划书的重点摘要；投资者渴望获得的投资报酬、变现方式及期限。

2.简介

该部分简述公司的成立时间、形式与创办者；公司的股东结构，包括股东背景资料、股权结构；公司的发展简史；公司的业务范围；公司的未来策略。

3.组织与管理

该部分内容主要包括：经营管理团队的学历与经历等背景资料、专长与经营理念；说明拥有的成功经营经验与组织管理能力；企业的组织结构以及未来组织结构的可能演变（图表）；人力资源发展计划，包括各职能部门人才需求计划、公司薪资结构、员工分红与认股权力、招募和培训人才的计划等。

4.广告与专业

专业环境与发展历史；产品发展阶段（包括创意、原型、设计、产量）、开发过程是否已有专利；产品的功能、特性、附加价值，以及具有的竞争优势；公司产品与其他竞争产品的优劣比较。

5.市场分析

明确界定产品的目标市场，包括销售对象与销售区域；过去、现在以及未来的市场需求与市场成长潜力；过去与现在的市场价格以及未来的市场价格发展趋势；说明公司现在的销售量、市场成长情形以及未来市场占有率变化；主要目标市场的顾客特征，其接受公司产品的事实证据，以及该产品对顾客的具体利益与价值；说明市场上的主要竞争者，包括竞争者的市场占有率、销售量、排名，彼此的优劣势与业绩以及对应的竞争策略（包括价格、品质和创新等）。若尚无竞争者，则分析未来可能的发展与竞争者出现的几率；说明其他替代性产品的情形，以及未来因新技术发明而威胁到现有产品的可能性与后果，并提出相应对策。

6.营销计划

该部分应说明现在与未来五年的营销策略，包括销售与促销方式、销售网络分布、产品定价策略、不同销售量水平下的定价方法以及售后服务；说明销售计划与广告的各项成本。

7.技术与研究发展

该部分应说明产品研究和开发与生产所需的技术来源，以及技术与生产团队的专长与特点；说明技术特性与应用此技术所开发出来的产品，技术研究所具有的竞争优势与利益，以及该技术未来的发展趋势；说明企业的技术发展战略，包括短期计划、中期计划，技术部门的资源管理方式以及持续保持优势的策略；说明未来的研究发展计划，包括研究方向、资金需求与预期成果。

8.财务会计与投资报酬分析

提供融资后五年至七年的财务预估，说明每一项财务预估的基本假设与会计方法。

9.风险评估

列出可能的风险因素，估计其严重性和发生几率，并提出解决方法。从事风险分析是为确认投资计划伴随的风险，并以数据方式衡量风险对投资计划的影响，目的是向投资者说明风险的应对策略。

10.结论

此部分综合前面的分析与计划，说明企业的整体竞争优势，并指出整个创业计划的根本利益所在，尤其强调投资项目可预期的远大市场前景，以及对于投资者可能产生的显著回报。

11.证明资料

应该附上的证明资料包括：能够说明前述各项计划的资料证明、详细的制造流程与技术方面的资料、各种参考佐证资料、创业者的详细经历与自传。

（三）企业建立程序

1.注册企业

注册企业，创业者创办的企业要想具有法人资格，就必须进行企业法人登记注册，注册内容包括企业法人名称、住所、经营场所、法定代表人、经济性质、经营范围、经营方式、注册资金、从业人数、经营期限和分支机构等。

（1）确定企业法人名称。

（2）确定经济性质（选择公司的法律形式），如个人独资企业、合伙企业、特殊合伙企业、有限责任公司、股份有限公司等。

（3）确定企业经营的范围。

2.招聘人才

（1）企业招聘需做好人才需求分析，制定完整的人力资源规划，在企业的发展战略下，对公司现有人员进行分析，对需要配备的人员进行统计与预测。

（2）制定完整的岗位说明书，说明公司为什么要设立此岗位及此岗位的职责、权限和任职资格要求等。避免招聘启事简单、模糊，令应聘人员弄不清这个岗位是干什么的、有什么要求、自己能否胜任等，影响招聘效果。

（3）选择合适的招聘渠道。首先要确定是内部招聘还是外部招聘。内部招聘的好处是有利于调动大家积极性，而且招聘的人员忠诚度较高。外部招聘有利于引进新思维、新方法。对于外部招聘来说，不同的渠道能招到不同的人才。常用的渠道：对于基层员工的招聘，一般可以选择当地的电视和报纸招聘，这些员工需求人数往往较多，素质要求也不高，采用这些渠道影响面宽，效果会更好；对于知识型员工和中层管理人员，可以选择人才市场和网上招聘，或者参加专场招聘会；对于高级管理和专业技术人才招聘，可以选择一些资质和信誉较好的猎头公司。

（4）进行有效的面试初选。对于应聘资料要进行初步筛选，把不合格的简历排除掉。对于关键岗位候选人的简历，要进行备注，对有疑问的地方作好记录。设计面试问题及评价表格，选择面试人员。针对不同的应聘人员要设置不同的面试人，有时需要人力资源部和专业技术人员参加，有时需要部门经理参加。对于公司需要的高级人才，有时需要公司的最高领导亲自面谈。面试方式可以选择笔试和素质测评，或者情景演练和实际操作。但在面试时要注意以下几个问题：首先是应聘人的道德品质；其次要考虑应聘人是否能胜任所聘岗位；再次要考虑应聘人与公司企业文化的匹配度。

（5）聘用。必要时向被录用人员发出聘用函。对报到人员要进行入职培训，内容包括企业的发展历程、企业文化、公司管理及人事管理规章制度、薪资福利政策等。

（6）在试用期内，人力资源部要对新员工进行跟踪考核，并及时与试用部门进行沟通，与新聘员工进行座谈，以便能给新员工提供一个更好的工作环境和发展空间。

3.购置物品

（1）文具事务用品，包括文件档案、办公用品、电脑配件等。

（2）办公耗材，包括打印耗材、装订耗材、IT耗材等。

（3）日杂百货，包括日用品、清洁用品等。

（4）办公设备，包括复印机、打印机、传真机、证卡机、考勤机等。

（5）办公家具，包括文件柜、办公桌、办公椅、档案柜等。

（6）财务用品，包括手工记账本，电脑记账（财务软件）等。

4.实施筹建

（1）注册公司。

新《公司法》第二章第一节第二十六条规定，两人或两人以上有限责任公司注册资金的最低要求为三万元人民币；一人有限责任公司的注册资金最低为十万元人民币（新《公司法》第二章第三节第五十九条）；此规定基本适用于绝大多数公司。注册公司需要以下步骤：

第一步，使用附件传送、快递或其他方式提供投资人的身份证复印件，说明公司注册资金的额度及全体投资人的投资额度，准备好至少5个公司名称的预备方案。

第二步，选择就近银行办理注资手续；携带身份证前往工商所签字验证；办理基本账户和纳税账户。

（2）工商部门办理注册手续的流程。

第一步：查名。（需要一周时间）

该过程应注意提供以下资料：

①全体投资人的身份证复印件（投资人是公司的需要提供营业执照复印件）；②注册资金的额度及全体投资人的投资额度；③公司名称（最好提供5个以上）以及公司大概经营的范围。

查名资料备齐后由相关部门受理，查名所需手续由相关部门完成，查名通过后会预先通知并核发查名核准单一份、一套章（公司公章、财务章、法人章、股东章）及银行询证函一份。

第二步：验资。（即办即完）

凭核发的查名核准单、银行询证函、一套章去就近银行办理注册资金进账手续，办理完后从银行领取投资人缴款单和对账单，银行询证函则由银行直接快递给会计事务所，随后由会计事务所办理验资报告。验资通过后核发验资报告两份。

验资必须由本人完成，委托其他机构办理将会承担相关责任，具体参见新《公司法》第十二章。

第三步：签字。（即办即完）

携带身份证前往工商所进行签字，工商所核实后通过。签字需要本人到场，经工商所人员确认为本人无误后签字生效，签字通过后即可开始办理营业执照。

第四步：办理营业执照。（需两周时间）

资料齐全后所有手续由相关部门完成，报工商局审批后核发营业执照正副本和电子营业执照，随后工商所流程完毕。

（3）质监部门办理流程。

办理组织机构代码证。（需一周时间）

本步骤手续和所需资料由相关部门提供并完成，前往质监局办理组织机构代码证，核发代码证正、副本和代码卡后质监局流程结束。

（4）税务部门流程。

办理税务登记证。（需两周时间）

第一步：提供相关资料。

资料包括：①《企业法人营业执照》原件、复印件各一份；②《组织机构统一代码证》原件、复印件各一份；③《验资报告》原件、复印件各一份；④企业章程或协议书或可行性研究报告或合同书原件、复印件各一份；⑤法定代表人、财务负责人和办税人员的《居民身份证》原件、复印件各一份；⑥经营地的房产权或使用权或租赁证明（加贴印花税）原件、复印件各一份。

第二步：填写表格报送市局。

第三步：办理税种登记等业务。

第四部分　就业创业精粹

“飞　黄”　之　路

欧可辉是1986级的学生。进入技工学校，对于从小就喜欢东摸西捣尤其喜欢摆弄电器的欧可辉来说无异于如鱼得水。看着实验室里的电视机故障模拟实验板，他可以一声不吭呆呆地看上大半天；做实验时，他不放过任何一个疑问，直到完全理解；下课后，他经常拉着老师虚心求教；休息日，他拿着心爱的电烙铁在电子世界里遨游。

欧可辉(右)与本文作者

欧可辉深知知识是成功的基础，而知识只有通过努力才能获取。在校期间，他灵活运用所学到的理论知识，结合自己的实践经验，自行设计出“防盗电无功耗电度表”。此表除可防范各式各样的偷电手法外，难能可贵的是本身不需耗费任何电能。专业老师对这项发明给予了高度的评价，同学们也赠予了他“小鲁班”的美称。

在两年的技校生涯中，欧可辉就像干涸的海绵一样拼命地汲取水分。多年后，回顾自己的求学历程，欧可辉仍感触良多，他充满深情地说：“技校是我生命中重要的转折点，在那里，我打下了坚实的基础，为我后来事业的发展积蓄了无穷的能量。没有学校的培养，就没有我今天的事业！”

1988年，欧可辉以优异的成绩被推荐分配到深圳市华发电子公司工作。当时的华发公司可谓人才济济，但欧可辉对自己充满了信心，常常虚心向师傅讨教。凭着全身心的投入和在技校掌握的扎实理论及操作技能，他很快就崭露头角，短短几个月的时间便一跃成为公司里数一数二的技术骨干，维修水平明显超过了公司里大专、中专毕业的老牌技师。

1992年下半年的一天，欧可辉怀揣打工四年的全部积蓄8000元，在领导的挽留、同事的惋惜之中义无返顾地离开了华发公司，和两个同学一起成立了深圳飞黄有限公司，走上了自我创业的艰辛之路。

经过一段时间的磨合，公司并没有什么起色。面对眼前的危机和创业的艰辛，面对旁人的冷嘲热讽，他的两位合作伙伴实在熬不下去了，干脆吃起了“回头草”。面对伙伴的反悔，欧可辉并没有过多的责难，他东挪西凑后毅然买下了伙伴的股份。他只知道，自己已经孤注一掷、没有退路了，只有破釜沉舟才有可能在激烈的市场竞争中杀出一条血路！

“人要像石灰一样，别人越是泼冷水，自己越是热气沸腾。”这是欧可辉的座右铭。在艰苦的创业过程中，欧可辉从没有放弃过研发新的产品。他发明的“散热器熔铸方法”打破了传统的工艺手法，不用模具而只采用自己制作的组合式工装，造出来的散热器耗散功率成倍增加且大大降低了成本；他发明的“变频调速自动控制器”，科技含量颇高且有着广阔的市场前景，这个产品使飞黄公司在首届中国国际高新技术成果交易会上一炮打响，一举夺得了多个奖项。

雄心勃勃的欧可辉还有许多未圆的梦：他想凭借自己的调速器专利和船艇知识建造喷射式变频调速豪华快艇；他想让自己亲手设计制造的电动小车驰骋在世界各地；他想凭借自己已获取的国家金奖专利——散热器熔铸技术，向精铸业进军，再拓一片新天地；他想将自己发明的自动激光对焦电子显微镜推向市场，造福人类！

他还想……

（文/饶权进）

强盛企业之方，领先世界之略

1990年，黄泽标毕业于广东省电子商务高级技校（前身为广东省供销技校），只身前往深圳谋求发展。他凭着自己的专业知识摸准了行情，当起小老板，主营游戏卡、集成电路块等，销路很好。小店经营3个月后，营业额迅速增长。几年下来，从最初的小店起家，黄泽标的电子产品经销店不断地扩大规模，连续开了10家分店。

1996年黄泽标敏感地意识到通讯行业有巨大潜力，他开始涉足手机市场。1997年底他顺利打入通讯市场，成立了彩讯实业发展有限公司，任董事长。

担任董事长期间，黄泽标深感内力不足，光凭原先在学校里所学的知识和这几年在社会上所积累的经验已不能满足作为一个高层管理者的需要。他想充电，以提高自己的综合素质。

黄泽标决定到广州求学，他把目标锁定在中山大学。像当年到广州求学一样，黄泽标再次踏上求学之旅。他选择了中山大学岭南学院，攻读EMBA（高级工商管理硕士）研修班课程。

黄泽标在办公室

这一次进修，给了黄泽标极大的震撼，以致改写了他的职业生涯规划。他惊讶原来有这么好的课程，要是早几年来学习就好了，那样他和他的企业界朋友，尤其是民营企业的管理者，就可以更好地引领企业发展了。

这一年来，黄泽标奔赴于深圳、广州两地之间，一边兼顾公司运作，一边刻苦求学。这时，他又产生了一个大胆的想法：要把中大的EMBA课程带到深圳去，要与中大合作办学。

中山大学以其华南第一学府的地位让人敬而远之，很多企业都想与之合作，却难以遂愿。在中大人的意识里，品牌比利益更重要。而黄泽标办教育培训的初衷也不全是为了谋利，因此，双方就有了合作的基础。思忖良久，他开始了与岭南学院漫长而艰难的接洽与商谈。最后，他认真、严谨的行事风格和诚信、达观的人格魅力打动了岭南学院的领导，他们觉得黄泽标公益之心可嘉，再加上原深圳市老领导黄国祥的鼎力相助，与中大合作的项目最终商定下来。

回到深圳，黄泽标从彩讯公司淡出，转行做教育培训，这一行动为很多人所不解，时下做教育培训多带有服务社会的性质，颇有点费力不讨好的意味。但黄泽标义无反顾，多年来在商场上行走，他深知是国家的政策成就了他们这一代人，他觉得自己应该为社会做点事了。

经过精心策划，中山大学岭南学院深圳教学中心于2000年成立，与此同时，中大方略企业管理咨询有限公司应运而生，于2004年2月注册成立，黄泽标任董事长。黄泽标做事力求完美，为了及时与中大岭南学院的领导保持沟通，落实最优秀的师资队伍，他一次又一次地奔赴于广深两地之间，最多的一天他跑了四个来回。在他的带动下，中大方略的员工也竭尽全力工作，整个企业显得活力十足。

短短一年多时间，“中大方略”在深圳企业界已站稳脚跟，正健步前行。如今，它还成功进军东莞教育培训市场。黄泽标还有着更长远的目标，他要让“中大方略”立足广东，面向全国，成为教育培训与企业管理咨询行业的“领头羊”。

黄泽标正是凭着自己的智慧与坚韧，才有了今天的骄人成绩。

（文/张海霞）

一位总工程师的钻研苦旅

季长河是电子技术专业班的一名学生，他言语不多，勤奋好学，善于思考，成绩优异，给老师和同学们留下了深刻的印象。

毕业以后，季长河来到佛山彩色显像管厂，成为一名普通的操作工，每月工资150元，生活及工作都很艰苦，但对于从小喜爱电子技术的季长河来说，可谓是如鱼得水了。他总喜欢泡在车间，将每台设备表面的英文单词、句子，操作设备的每一道工序，程序控制设备的电路图、电子符号，都一一地记录下来。他充分地利用一切可以利用的时间，学习了电子机械、模具、机电一体化几门课程。然而，正当季长河准备挥舞臂膀大干的时候，厂里遇到了国有企业最严峻的问题：停产、整合、改革。

季长河（左)在工作中

企业停产让每一个工人都面临着新的选择，有的工人退而务农，有的工人改行从商……季长河坚守却仍着自己的兴趣与信念，利用这次停产的空档来为自己继续充电，他借了3000元，来到佛山一家培训公司报名学习家电维修。

1999年春节刚过，原来的佛山电视机彩色显像管厂转变体制，重新整合。厂里引进了一流的设备，还有先进的技术与管理，这些正是季长河梦寐以求的。于是，他舍弃培训公司丰厚的待遇，毅然决然地回到了厂里。

由于跨国公司资金雄厚、管理水平高、技术力量强，合作生产后，为原厂注入了新鲜的活力，厂商纷纷上门订货，产品供不应求。为扩大生产，公司决定将厂里原有的设备——稳定炉维修改造后重新投入使用。这台稳定炉两年里日晒雨淋，一直没有运行过，外资方经理请来了维修工程师对其进行了维修，第一位来了，不成功，第二位来了，还是不成功。这时，中资方经理提出建议：起用原厂维修工程师季长河！

“给你两个月的时间，让这台设备恢复运行，OK？”外资方经理这样对季长河说，季长河感到巨大的压力，“我考虑一下，三天后答复你。”

这三天三夜里，他几乎没合眼，翻出了厚厚一摞原始设备的技术资料，开始进行分析、研究、查找、确认。第四天，季长河告诉外方经理，35天完成维修任务。

接下来的日子，他带着8名技术员开始夜以继日地攻关。大量的电路像蜘蛛网一样密密麻麻、错综复杂，他们一一检查，根据精密测算的数据进行调试。锈损的设备无法工作，他从国内市场买来普通的零件进行改造，调试安装。28天后，维修改造任务顺利完成，比原计划提前了整整7天！

作为广东省彩色显像管行业三大集团之一的汤姆逊公司驻中国分公司，2004年以6亿元巨资收购了东莞福地集团所属的彩色显像管厂。为扩大生产，2005年该公司从美国购买了一条生产线。几百万元买进的设备，其正常运行关系着企业的命运，谁来管理这条生产线最合适、最令人放心？汤姆逊东莞分公司决定以月薪8000元的报酬首选维修工程师季长河。

从一名普普通通的技校生成为跨国公司的设备维修总工程师以及省级劳动模范，季长河经历了一个艰苦的钻研历程。

（文/王宏杰）

小本小利，行销有道

1997年，陈玉璇从广东省电子商务高级技校（原广东省供销技工学校）电子技术专业毕业，她孑然一身来到深圳市一家商场当营业员。在这期间，她抽空学习美容。说起为什么学习美容，小陈自有一番道理：“我的身体比较瘦弱，到工厂里打工可能很难坚持下去。做美容工作需要的体力强度不太大，又可以成就我的创业梦想。”

小陈是一个做事认真细致的女孩，工作从不马虎，美容学习也坚持实打实。她给自己买了一辆自行车，两年来，几乎每天都不停地穿梭于工作和学习的地方。问起这段经历，她笑着说："我现在一点儿都不觉得苦，反而觉得很有意义呢。您看，工作给我积累了一份宝贵的经验，学习使我掌握了一技之长，而每天骑车让我的身体好起来了。"

陈玉璇于1999年自筹资金开了一家美容店，这正是美容行业竞争十分激烈的时候，大家都为她捏了一把汗。然而，小陈显得不紧不慢，小本小利，做起她的生意来。她把自己的服务对象定在工薪阶层身上，一次又一次调整服务价格。

美容是一个高利润行业，普通美容护理每次80元左右，高级护理每次120元左右，小陈把自己的美容价格调整为30元一次，实在很便宜。有的同行说："我一天能做两个美容系列就完全够本了，可是你，要做七八个，就不怕累坏自己！"

小陈并不怕累，她说："我的店面小，名气更小。我所服务的对象是靠工资吃饭的。我的价格不能够太高。"有的同行把国产美容品当作进口产品用，以牟取高利。小陈却恰恰相反，她多采用国产高质量的美容品，但有时针对顾客的皮肤性质以及需要，也会用上进口的美容品，可是她的服务价格依然是低廉的。小陈真的疯了吗？当然没有，她说："我把美容当作自己的事业。我只想真心实意地交朋友，公公道道地做买卖。"

的确，正所谓"经商一时，为人一世"，小陈选择了经商，却不忘为人之本，她赢得了顾客的心。不少顾客不但自己乐意在小陈的美容店里包月包年做美容护理，而且把自己的亲戚、朋友、同事都介绍过来。这真让小陈忙得不亦乐乎。

（文/尹凤霞）

目标明确，执着追求

周仲军，是广东省电子商务高级技校（原广东省供销技工学校）972班电子通讯专业的学生，但他个人的兴趣在市场营销方面。经过职业指导，小周制定了自己的职业生涯设计方案。首先，他利用节假日进行细致的市场调查了解。了解如何做好通讯设备售后服务，通讯设备市场是否具有开发潜力，手机市场中有哪些主要竞争者等。其次，根据调查资料，小周与家人、同学、老师充分地讨论，论证了自己的职业方向，最后把自己奋斗的目标锁定在通讯设备经营方面，他希望通过不懈的努力成为一名通讯设备的经营者。确立了职业方向以后，小周根据自身的情况，确立自己的职业目标，包括岗位、待遇、技术情况、社会效应、家庭目标等等。小周确立的具体目标如下：

职业前期（21～26岁）：经过奋斗，成为手机销售主任，供妹妹读书，在广州供楼；

立业期（26～35岁）：完成大学本科学业，考取高级营销员证书，进入国际性的手机厂家工作或是成为一名手机行业的销售总监；

职业中期（35～50岁）：尝试开发经营自己的企业，以高科技产品为主要方向；

周仲军参加2005年诺基亚销售精英大会（左一）

职业后期（50～60岁）：主要从事人才培养、企业策划等工作。

毕业以后，小周到深圳市一家通讯设备有限公司的门市部里当售货员。在这期间，与他一同工作的同学都说学不到什么新知识、硬本领。可小周并不这么认为，他一边工作，一边自学有关营销学的知识，很快就对自己的顾客有了比较深刻的了解，他把自己的顾客分成不同的类型，根据顾客心理做好自己的销售工作。

小周的老板是个白手起家的企业家，他把小周的表现看在了眼里，他对小周说：“努力干吧，你帮我挣钱，我让你学习真本领。”小周在公司里工作大半年，做过售货员、仓管员、业务员、手机维修工等，工资从400元增加到800元。老板想让小周担任门市部主管，但小周拒绝了。他仍然希望自己能够更大限度地学习新的知识，他决定辞职。

小周来到了他倍感熟悉的广州市，到一家全国著名的通讯设备公司应聘并被聘用了。对于小周来说，这是他学习新知识、接受新挑战的又一次机会。通过自己的努力，小周已经成为这家公司的销售管理者，领导一个销售团队，团队里有中山大学毕业生、华南师范大学毕业生以及其他大专院校的毕业生。2004年1月底公司召开全国大会，小周和他的老总代表广东省前往北京总部开会。这是小周第一次走出广东，第一次坐上飞机。这次会议，让他自豪无比，因为他是最年轻的与会人员，业绩又最出色，底薪加提成，月收入可达6000多元，销售旺季月收入可达1万多元。

小周曾经说过：“会学习的人，总是认定方向，主动地去学习，永远地学习。”

（文/尹凤霞）

勤工俭学，奋斗不息

周荣英出生在一个不幸的家庭，父母、弟弟长年有病，家里唯一的收入是父母靠微薄的力量在田地里耕作换来的，难以支撑整个家庭的生活。由于周荣英特别渴望上学，她的父母就向亲戚朋友们借钱供周荣英读书，这对自尊心很强的周荣英来说不是件轻松的事，她心想："我已经长大，有手有脚能吃苦，我不能总依靠别人，我能自食其力。"

2003年秋天，周荣英如愿来到广东省电子商务高级技校，进入财会电算化专业班级就读。为了自食其力，她参加了勤工俭学活动，课余时间她到外面做一些勤杂工，解决自己的伙食费。每年寒暑假她都到职业介绍所报名，从事家政工作，这些工作很艰苦，但可以解决周荣英的一部分学费。当同学们节假日闲聊、玩耍、逛街购物时，周荣英却在不停地忙碌着；当同学们假日回家与亲人们团聚时，周荣英留在广州做临时工。一切的苦和累对她而言都算不了什么，因为她从小就吃惯了苦，她热爱劳动。劳动创造价值，劳动创造美。周荣英曾经说过："说实话，我也羡慕有的同学有个好家庭，但我更庆幸我的家庭打造了我顽强的生命力，我要用自己的奋斗改变家庭的境况，我绝不向命运低头。"

是啊，"不经历风雨，怎能见彩虹"。从这个方面来分析，从小懂得生活的艰辛，从小承担家庭责任的人，容易养成勤劳、节俭、勤奋的好品质。这些人能够在学习上勤奋进取，在集体劳动中积极肯干，在家里分担父母的劳动，在工作岗位上任劳任怨。贫穷是一种磨砺，"穷能思变"，"节俭朴素，人之美德；奢侈华丽，人之大恶"。

周荣英在校求学三年。三年来，她做过饭堂勤杂工，做过产品促销员，做过工厂流水线上的插线工人，做过家政人员等，一切都需要付出辛勤的汗水，而付出的汗水换来了她三年的学习费用以及生活费用，换来了她不怕苦、不怕累的良好品质。三年来，她学习勤奋、工作努力。毕业面试时，用人单位特别青睐这位能吃苦、肯奋斗、不服输的女孩，当即录用了她。

刚刚接手工作，周荣英遭遇了很多困难，但由于她是一个不怕吃苦、勤奋好学、奋斗不息的女孩，她对自己的未来充满信心："现在的苦和累算不了什么，最重要的是，我能够通过自己的努力改变生活。"

让我们祝福周荣英，祝福那些敢于挑战、勇于拼搏的人吧！相信她一定能够拥有美好的未来，她和家人一定能够过上美满的生活。

（文/尹凤霞）

不懈的追求

1996年秋天，由于家庭经济原因，一心想读高中的梁泰钦同学以700多分的成绩来到了我们学校就读电子电讯专业。刚开始，他沉浸在失落、悲观的心情中不能自拔。在班主任以及任课老师的帮助下，他终于振作起来，开始努力学习专业。

接下来的日子，梁泰钦不但学习刻苦，而且充分发挥自己擅长写作的长处，担任广东职业技能报的特约记者，陆续在报刊上发表了《生命的历程》、《永不间断的母爱》等优秀文章，其中《永不间断的母爱》被选录入《全国中等专业学校优秀作文选》。

1999年夏天，梁泰钦毕业了，经学校推荐他来到东莞长安某购物中心工作，负责家用电器的销售业务。在工作中，梁泰钦看到了自身的不足，也找到了努力的方向。于是他参加了2000年的成人高考，考取了北京商业管理干部学院的市场营销专业。

读大学期间，他担任过团委书记，曾在学校报刊上发表《中国药品零售存在的问题和发展方向》一文，获得中国质量万里行朱立恩教授，中国连锁经营协会会员、清华大学经济管理学院李飞教授的一致好评。这使他更坚定了往市场营销方面发展的决心。

2002年7月，梁泰钦大专毕业后回到了广州，他应聘了家乐福超市，从事家电促销工作。

后来，出于提升自己的内在需求，梁泰钦先后到过苏宁、国美等大型家电公司应聘销售经理一职，他的面试均很顺利，但是由于个人身材的原因，他最终还是落选了。这使他很受打击，命运让他再一次站在人生的十字路口上。

2003年初，梁泰钦在自己的姐夫、一位从事模具制造行业的前辈的劝说和支持下，开始了第二次事业的转型，他放弃了家电销售工作，开始了模具设计生涯，这是个零的开始！再一次从零开始！

尽管心底仍有一丝对营销行业的不舍，但面对全新的挑战，梁泰钦仍然很努力。2003年至今，他从一无所知到精通各种模具结构，对塑胶、合金、压铸等模具的设计、加工的生产步骤十分熟练，并能熟练运用Cimatron 12，Mastercan，UG等软件对各种模具进行分模、拆铜公、编程，能用Pro/E进行各种模具设计。

从事模具设计工作后，梁泰钦先后在中国香港、日本等公司任职，其间还参加深圳大学工商管理专业自学考试，他在不断地充实自己，他在不懈地追求着。

（文/曾育芝）

“垃圾大王”的创业之路

卢文强的相貌很一般，大大的头、宽嘴唇、小眼睛、高鼻梁、黑皮肤，说起话来不算流畅，看得出来，他并不是一个十分自信的小伙子。他于2001年毕业，来到家乡中山市小榄镇的一家电器厂打工，工厂的经济效益不太好，工资往往不能按时发放。这让家庭经济并不宽裕的小卢很着急。每当夜深人静的时候，他就开始思考自己的理想，他太渴望拥有自己的公司了。

经过思考和市场调查，卢文强于2002年夏天，用自己打工挣来的钱买了一辆三轮车，决定收购垃圾。他每天不怕日晒雨淋，也不怕别人的闲言碎语，早出晚归，默默地工作着。他是老板，但没有一个固定的帮工，搬搬抬抬的事情大都是自己一个人完成的。他希望能够积累创业的资金。

2003年3月，小卢利用自己收购垃圾积累下来的资金与朋友们一起在四川省某县城租用了一家转卖的厂房，这家企业生产工作制服、安全生产制服和鞋帽等产品，小卢经朋友介绍参与其中，并被大家推举为厂长。

工厂开始时招聘了50个工人，大部分工人都不是熟手，需要老员工带领。由于原有的销售人员中有一部分人是销售行家，一开始，工厂的订货单比较多。小卢每天起早贪黑，指挥着工人加班加点地进行生产，第一个月平安无事，略有盈利。但是，第二个月，发生了一件致命的事情：负责生产管理的小卢没有仔细看清楚客户订货单上的产品规格要求，他想当然地以为客户所需的三千双鞋子的规格都是一样的，其实不然，有一个很细微的变化：一千双鞋子不需要加厚，两千双鞋子需要加厚处理。

小卢他们的货品被客户退回来了，需要重新加工。这是一次很大的失误，让刚刚起步的企业亏损了4万元，导致工厂内部发生了矛盾，有的合作伙伴开始打退堂鼓，他们觉得自己是在冒险，要求退出股份。小卢眼睁睁地看着自己的朋友抽调走企业的救命钱。企业不得不停产，小卢做了四个月的厂长，就不得不回到家乡，他希望自己能够力挽狂澜，筹集资金，东山再起。然而，谈何容易呀！小卢到处碰壁，最后只好做出撤退的决定，他拿着筹集到的五千元钱，雇车辆到四川把自己的生产机器拉了回来。

在别人看来，卢文强走了一圈，又回到了原地。实际情况并非如此，他虽然失败了，重重地摔了一跤，跌到了起点。可是，经过思考，小卢认为自己失败的经历是一种珍贵的人生资源，他决定再次创业，重新干起收卖垃圾的行当，每天早出晚归。但是，从2004

年开始，他已不再收购普通的废品，而是专门到那些大的建筑工地上收购建筑废铁，每次交易都以吨来计算，运气好的话每车皮可赚取三千元到五千元的纯利，真可谓“无本万利”。

从收购普通垃圾到收购建筑垃圾，卢文强经历了三年的时间。用卢文强的话说：还必须“熟行熟路”。一要熟门路，哪里有货源，哪里有工地，你就要往哪里去；二是要熟关系，建筑工地到处都有，但并不是你随便就可以进去收购的，你还必须做好公关才能把货源弄到手。

说到这些行话时，卢文强不无自豪地说：“收购垃圾听起来不是那么有出息，其实钻进去了才发现这是一门大学问，做起来了也是一门大生意啊！所以说，三百六十行，行行出状元啊！”

（文/张小娃）

从贫苦家庭走出来的总经理

王焕武，广东省电子商务高级技工学校的一名普通毕业生，毕业十几年来，他通过自己的努力奋斗，建立了广州杰丽斯塑料五金制品有限公司。回顾十多年的发展历程，他总觉得自己所取得的成绩是由自己所处的环境逼迫出来的。

王焕武的家乡，广东省汕尾市遮浪镇，是一个贫穷落后的小镇。王焕武家里兄弟姐妹较多，他在家中排行最大。都说“穷人的孩子早当家”，王焕武自小就很听话、懂事，读初中时，王焕武对技工教育很感兴趣，很想学一门技术来承担家庭责任。初中毕业时，王焕武以优异的成绩考取了广东省电子商务高级技工学校，报读了家电维修专业。通过三年的技校学习，王焕武掌握了家电维修的技能及做人的道理，为后来的工作打下了扎实的基础。

1995年7月，王焕武中技毕业，经朋友介绍到深圳市一家金银首饰加工厂工作，后由于父亲生病需回家照顾，工作三个月就回到了家乡。

1996年6月，王焕武来到广州业邦发展有限公司工作，先后担任过安全员、出纳员、保龄球副经理等。工作六年，他没有回家过过年，连续三年都是上夜班。在上夜班的三年中，王焕武曾在柯子岭的街边摆卖服装，在西湖路的夜市摆卖化妆品，还到过状元坊摆卖潮汕豆腐花。2002年6月，王焕武在广州市一德路花园办事处，代理台湾公司旅行用品及圣雅伦美妆工具。工作六年，王焕武积累了一些资金，同时积累了丰富的营销经验。

2002年8月28日，王焕武成立了广州杰丽斯塑料五金制品有限公司。这是一家专业生产和经营化妆工具、美容用品、家居用品、礼品的现代企业。公司的办公场地和生产车间占地面积达一万多平方米，具有庞大完备的生产线和专业性设计团队，源源不断地开发新品种和新款式。公司拥有“三本”、“今の逸品”、“贝淇”、“新の雅”、“生活小件”等知名品牌，产品多达上千种，主要包括美容工具、化妆工具、沐浴用品、各种旅行套装等，全都构思新颖独特、美观时尚，是家居、美容、旅行的最好伴侣。

经过多年的辛勤开拓，广州杰丽斯塑料五金制品有限公司已经形成了“立足广东，深入全国，拓展海外”的战略格局，业务网点分布广东、浙江、福建、云南、辽宁等地，业务领域覆盖全国，产品还远销欧美、东南亚地区。公司奉行“质量第一、服务至上、开拓创新”的宗旨，以最优质的产品、最好的服务、最优惠的价格，竭诚与海内外各界人士友好合作、共谋发展。

（文/梁国新）

一位中技生创造的就业奇迹

他叫谭海潮，是我校2003年首届电子商务专业中技毕业生，现就职于网易广州公司，担任网易博客的程序编辑开发工作。一个毫不起眼的中技生怎么可以站在这个本该属于本科生甚至是研究生的工作岗位呢？

乐观的谭海潮

作为他的班主任，我很清楚，谭海潮之所以有今天，靠的不是运气，而是他的真才实学。

阿海（谭海潮的乳名）出身于粤西一个并不富裕的农村家庭，他的学费主要来源于父亲种香蕉得到的微薄收入，如果遇到台风或年景不好，香蕉的收入就会大打折扣。谭海潮十分珍惜这来之不易的学习机会，他经常和我谈到自己在学习上遇到的困惑，与专业老师共同探讨专业学习难题。班上有的同学经常玩游戏，但阿海却常常在安静地翻阅一本又一本厚厚的书籍，在电脑上做自己的专业设计。他开始自学电脑编程，并发现自己很喜欢这门别人看来既难懂又枯燥的电脑技术。阿海迷恋自己的事业，他凭着一股韧劲和对电脑编程的极其喜爱，利用两年多的时间，基本掌握了电脑编程技术。

毕业后，阿海并没有像其他同学那样急于去找工作，他知道自己的电脑编程技术还没有过关，他在学校附近租了一间房子继续苦学编程技术。一年后，他在网上获悉网易广州公司招聘编程技术人员，于是前去应聘。他凭着自己的专业水平和实力在众多拥有本科甚至是研究生文凭的求职者中脱颖而出。他成为网易广州公司最年轻、学历最低的员工之一，他创造了我校中技毕业生的就业奇迹！

阿海总结了自己的学习以及工作经验。他认为学习最重要的是培养对学科的兴趣，有了兴趣才会有求知的欲望，有了兴趣才会自觉地去学习；学习离不开书本，应该多读书、读好书，多买几本内容基本相同但作者不同或是出版社不同的书，对照着看，节省学习的时间，举一反三；学习需要消除浮躁的心态。如果今天有人说ASP(程序设计语言)不错，你就去学ASP；明天有人说PHP（超文本预处理语言）不错，你就去学PHP；有人说网页设计（美工）不错，你又去学网页设计。那么这种浮躁的心态可能使你永远处在一知半解的状态。

阿海介绍说，面临毕业的同学，不要看见大一点、招聘条件高一点的公司就没有信心去尝试。大公司招聘应届毕业生考虑的是培养的容易程度，而不是一进去就要求你的能力很强。大一点的公司会对新人进行培训，安排一位老员工指导工作，非常规范，容易适应。

如果有自己喜欢的公司，有自己喜欢的职位，不妨去试试。

（文/王建明）

炫纺之星　网商新秀

2010年1月，由共青团广州市委员会、广州纺织工贸企业集团等单位共同发起的“炫纺SOHO”青年网络创业大赛圆满落下帷幕。此次网络创业大赛历时半年，全国有12000多名青年参赛，竞争非常激烈。刚从我校毕业的陈少萍在参赛时所开的网店于半年内盈利11

万多元，以创业积分11万多分夺得大赛冠军，并获得10万元的奖励金，成为“炫纺之星”和炫纺“金钻”得主。《广州日报》、《羊城晚报》、《新快报》、广州共青团网等多家媒体纷纷对此进行了报道。

高考落榜，另觅新径

陈少萍来自广东省潮阳县一个普通的农民家庭，她身上具有潮州女孩特有的内秀而坚韧的性格。她从小就勤快好学，学习成绩优秀，一心想考上大学，做一个高级白领。然而，命运偏偏捉弄她。2006年，一向成绩优异的陈少萍，却意外发挥失常，无缘实现她的大学梦，这令一向沉稳干练的陈少萍乱了方寸，她躲在家里偷偷哭泣。怎么办？是读书还是继续深造？她考虑了几天，想继续读书。是复读，明年继续参加高考，还是选择别的途径继续深造？陈少萍没了主意。她问家里人，父母亲都是地地道道的农民，不能给女儿什么建议。但陈少萍心里很清楚，爸爸妈妈辛苦赚钱不容易，只要学费不贵，女儿自己喜欢，他们就没有任何意见。

陈少萍去问自己的中学老师，老师建议她就读技工院校。老师告诉她：“按照你现在的情况，可以考虑读技工学校，一来学费不算贵，二来可以享受国家助学金，这样可以缓解家庭经济压力。最好能到省城去读书，可以学到一技之长，还可以接触一些先进的理念。”

陈少萍征得家人同意后，决定报读省城的技工院校。她仔细阅读了技工院校的招生简介，发现这里好学校林立，好的专业令人向往，这是一个新的世界！陈少萍想都没想过，自己将在这里寻觅个人发展的空间。

经过几天的比较、选择，陈少萍终于选定了广东省电子商务技师学院，选读电子商务专业。为了学习更多的知识，陈少萍报读了电子商务技师班。

2006年9月，陈少萍带着梦想来到坐落在广州科学城的广东省电子商务技师学院。这所学院具有30多年的办学历史，校园环境优雅，鸟语花香。陈少萍心底里由于高考落榜造成的那种深深的惆怅和无奈很快就消失了，刚开学不久，她就暗暗下决心：一定要掌握最先进的电子商务技术。

专业学习，精益求精

陈少萍入学一个月以后，心理发生了一些改变。有好几位师兄师姐告诉她：“电子商务专业要学很多知识，知识面很宽泛，很难精通，技师资格证很难考取。女孩子毕业以后往往只能从事公司文员、办事员、客户服务人员等方面的工作，技术含量不高，高技所学知识已经足够，完全可以应付工作，没有必要继续读两年技师了。”陈少萍跟班里的一些女生感到迷茫了，有几位同乡同学担心自己浪费时间，决定读两年高技，毕业后找一份普通的工作。

陈少萍的班主任了解了大家的心思后，马上召开班会，她现身说法，给同学们讲述自己的专业成长经历。这位年轻的班主任也是一名技校生，毕业以后继续深造，回到母校任教，努力学习专业知识，考取所学专业的技师资格证和讲师职称。陈少萍感到豁然开朗了，她再次暗暗下决心：不要空想，不要迷茫了，一分耕耘一分收获，女孩子同样可以掌握扎实的专业技术。

从此，陈少萍很少空想了，她投入到紧张的学习当中。上课前，她总是提前把内容认真预习一遍；上课时，她认真听讲，仔细操练；下课后，她反复复习，巩固知识。网页制作课的老师至今还记得这个内秀文静、勤奋学习的女孩。她说："班里有很多女孩学习都很努力、很刻苦，专业理论知识都很扎实，但很多人实操技术比较弱。陈少萍很勤快，操作的时候一步一个脚印，仔细、规范，做出来的作品细腻、完整、漂亮。"

第二年，陈少萍与同学们开始接触另几门专业课程，难度很大。班上有几个原打算读技师的同学开始打退堂鼓，心情变得很浮躁，无法认真听课。但陈少萍打定主意要认真学习，追求高技能。她依然坚信：瞄准目标，就不要放手，一分耕耘一分收获。当身边的几个好朋友忙着转高技，忙着找工作的时候，陈少萍依然发奋学习，追求高品质的学习效果。她成绩优异，获得"三好学生"荣誉称号。

网络创业寻发展

在校学习一年多，陈少萍省吃俭用，节省下1000多元。2007年6月，陈少萍领取国家助学金1500元，她早就准备把助学金真正用到实处。她购买了一台手提电脑，开始实施自己的专业发展计划。

2009年6月，"放飞梦想，成就未来"——"炫纺SOHO"青年网络创业大赛正式启动！本次大赛由共青团广州市委员会和广州纺织工贸企业集团等组织共同发起，旨在以广州纺织工贸企业集团深广的行业背景和雄厚的行业实力为支撑，搭建一个联动、便捷、灵活的个性化创业服务平台，为广大青年自由创业、自主创业、自信创业提供良好的机遇和强大的助力。大赛通过打造"设计、生产、营销、物流"为一体的产业运营链条，为有志创业的青年们解决了业务流程繁琐的后顾之忧，帮助广大青年实现创业的理想。陈少萍非常重视和珍惜这次网络创业机会，她在老师们的指导下，按照大赛比赛规则的要求，建立个人网店并潜心经营。她十分重视与顾客的沟通和服务，在她的悉心经营下，网店销

2010年1月，陈少萍在“炫纺SOHO”青年网络创业大赛总结大会上发言

售节节攀升，短短半年时间就盈利11万多元。陈少萍脱颖而出，成功夺冠，获得了10万元的奖励金，成为“炫纺之星”和炫纺“金钻”得主。

获得奖励以后，陈少萍依然在自己的岗位上辛勤耕耘，工作成绩突出。2010年5月，陈少萍应邀回到母校与电子商务系的师弟师妹分享自己的体验，她介绍说，自己十分庆幸当初选择了电子商务这个具有挑战性的专业；她庆幸自己一直坚持学习，精益求精；她感谢母校给予她成长的机会，感谢“炫纺SOHO”青年网络创业大赛主委会和各赞助企业为青年人提供了创业成长的大舞台。她说：“在参赛前，我经常根据自己所学的专业知识进行电子商务市场调研，对市场进行细分，报名参赛以后，我很快就找到了自己的目标市场，并对目标市场进行合理的定位，我注册了一家女士服装店，努力寻找自己的客户群，并努力稳固这个群体。我认为只要用心学习，用心参加比赛，瞄准目标，辛勤耕耘，就一定能取得好成绩的！”

阿里巴巴总裁马云先生在2009年首届网商交易会上曾经说过：“50年后再来看今天的网商交易会，实际上不需要50年，10年后再看八九十年代的人，80%～90%的企业，一定在网上的，如果不通过互联网和电子商务做生意是不可思议的，就像今天公司做生意没有电话是不可思议的，我坚信公司的水、电之后就是电子商务，而且要比水电更重要，这是我对未来的看法。”可以说，陈少萍就是新一代的网商，年轻干练，把握机遇，敢于拼搏。

陈少萍是千万个自主创业成功的技工院校学生的典型代表，他们受到国家扶持，受到学校、老师们的培养，在学校里努力学习，在工作岗位上立志成才，在各自的领域展示着当代技校生的风采。相信广大技工院校学生在以后的事业发展中一定能发挥所长，开创事业，翱翔高飞！

高级调音师，唱响精彩人生

沈裕雄是广东省电子商务技师学院电子工程系2008级技师班的学生。为了成就自己的技术精英梦，他选择了技校，家庭并不富裕的他申请了国家助学金，他明白一切都来之不易，有国家的资助更该好好学习技能，以此回报家庭和社会。通过不懈的努力，沈裕雄于2010年取得了高级调音员资格证书。为了更好地发挥专业特长，他经常参加学校第二课堂活动和校外演出团队的音响调音工作。在校期间他多次被评为“三好学生”，并于2010年获得人力资源和社会保障厅授予的“部省属技工学校三好学生”称号，2011年还荣获001（中国）科技有限公司的音响专项奖学金。通过自己的努力，沈裕雄在德智体各方面均表现突出，是一名优秀的技校学生。

高考失败，重拾信心

高考的失败并没有让他放弃学业，他毅然决然地选择报读技工院校，选择成为一名技校生，期望掌握一门专业技能。过往的挫折并没有挫伤他对人生的信心，他以更加勤奋的学习弥补自身的不足。自入学以来，他坚持做到不迟到、不早退、不旷课，认真上好每一堂课。在课堂上他大胆发言，勤思苦练，始终保持旺盛的求知欲望和学习热情，得到了全体老师的赞许。同时他坚持做到理论联系实践，利用课余时间长期参加学校组织的义务电器维修队，为同学们和各社区进行义务维修。一专多能是他的追求，除了学习电子技术外，他还积极参加调音师学习，通过不懈的努力，于2010年取得了高级调音师资格证书。为了更好地发挥专业特长，他经常在学校开展的第二课堂活动中辅助音响调音，甚至参加校外演出团队的音响调音工作。

“梅花香自苦寒来”，三年来他连续被评为学校“三好学生”和“三好学生标兵”，并于2010年获得人力资源和社会保障厅授予的“部省属技工学校三好学生”称号，2011年还荣获001（中国）科技有限公司的音响专项奖学金。这些成绩并没有让他骄傲自满，“学无止境”、“永攀高峰”是他的信念，曾经的荣耀已成为历史，未来的人生道路还很漫长，他将以更加饱满的热情去努力学习，做一个对社会有用的人。

平凡的努力，不平凡的收获

在生活中，他勤俭节约，乐观豁达，自强自律，有积极上进的生活态度，有高尚的人生观和价值观。课余时他积极参加体育锻炼，努力提高身体素质，曾经获得学校乒乓球比赛团体第一名和个人第三名。他兴趣爱好广泛，对音乐有较高的鉴赏水平，这对他的音响调音有非常大的帮助。他为人随和，团结同学，尊敬师长，有爱心，是学校青年志愿者协会的一员，经常参加校内外的志愿服务活动，是个深受大家欢迎的好伙伴。

作为班上的团支书，他深知自己肩上所负的重任，始终兢兢业业，任劳任怨地做好每一件事，全心全意地为同学服务。学校团委每个学期召开的团支书大会，他都准时参加，并把会议精神及时向班上同学转达，团委开展的每一项活动，他都全力组织支部成员积极参加，很好地起到了上传下达的作用。为了加深班上同学对团组织的认识，丰富团员的课余生活，他每个学期都带领支委成员组织一系列丰富多彩的团组织活动，如团知识竞赛、演讲比赛、户外活动、体育比赛，等等。这些活动让同学们充分地了解了团组织，拉近了团员青年间的距离，促进了同学们之间的友谊。

2010年亚运会在广州举行。得知亚组委要招聘调音技术人员后，他便积极投递简历，希望能为广州亚运会贡献自己的力量。面试成功后，他担任了海珠区体育中心体育展示的音响调音师。在亚运会期间他服从组织安排，努力把体育展示音响调音工作做好。为了让比赛达到最好的音响效果，他不遗余力，利用大量业余时间从亚组委提供的几千首乐曲中，一首一首试听，从中选取出最合适的音乐。为了防止音响设备和播音环节出现问题，他坚持每天提前两个小时来到赛馆进行设备检测、音乐录制确认和调试播报员声音。由于他兢兢业业、认真负责的工作态度，他所负责赛场的体育展示音响调音在整个亚运会期间达到了零失误，受到组委会的大力表扬，最后荣获了亚组委颁发的《广州亚运体育展示卓越贡献奖》荣誉证书。由于有了亚运会出色的表现，亚残运组委会再次邀请他担任中大体育馆体育展示的音响调音导演。导演是对整个体育展示调音的总体指挥，在体育展示中占有很重要的地位。虽然工作压力大、事务多，但经历了亚运会的锻炼，他很快便适应了这个角色。经过他紧密的安排和策划，整个比赛的调音都取得了圆满成功，受到各级领导的好评。

2011年3月，广州市举办了大众杯乒乓球精英赛，他也受组委会邀请参加比赛的调音工作。有了亚运会、亚残会的工作经验，他在这次音响调音中更是得心应手，圆满地完成了任务。

初生牛犊，崭露头角

2011年5月，沈裕雄开始求职，他凭着娴熟的专业技能和对工作的满腔热情，很快就找到广州惠声电子科技有限公司电子产品研发一职。在工作上他不讲究报酬，只是尽心尽力做好他的本职工作，经常加班加点，没有任何怨言。工作之余，他不忘坚持学习专业知识，每到周末，其他工友都逛街、喝酒，只有他躲在宿舍研读电子方面的书籍，很快他的技术水平就达到公司第一，连公司的老技术人员都经常请教于他。2012年初,他幸运地被公司提拔为项目经理，带着他的团队高质高效地完成了每一项工作。但是，沈裕雄所在的公司是一个员工不到80人的小公司，这使他感觉个人发展遇到瓶颈，便提出辞职要求，老板一再挽留他，并提出给他加薪，让他负责四个地级市的产品销售等，但他却说“我不是为了钱，而是为了个人更好的发展空间”，他毅然离开了公司。走的那天，老板不但没有责怪他，还请他吃饭，用车把他送回新租的宿舍，并告诉他公司随时欢迎他。

近来，沈裕雄应聘了北京鸿合电子科技有限公司工程技术主管一职，他觉得北京鸿合电子科技有限公司在这个行业是个大公司，员工多、接触面广，技术等方面都很成熟。抱着学习的心态，他在新公司从事音响、智能控制等方面的技术工作。他的上级领导同样很赏识他。

沈裕雄深知，是党和政府对农村孩子的经济扶持成就了今天的他，他将更好地工作和学习，以身作则，奉献社会。他在学习、工作和生活中都较好地发挥了模范带头作用，为广大团员青年作出了表率。对于自己的成功，沈裕雄认为，不敢做和不愿做的人，永远不会成功，不要等到明天，抓住今天就是成功的开始。

从编辑到策划总监

——房博士地产门户网策划总监　梁东华

两年的工作把我带进了互联网的世界，通过两年时间的观察和总结，我认为互联网的急速发展，必将带来中国电子商务的再次变革，从之前的“B2B”发展到“B2C”再到现在的“C2C”，电子商务就这么一路走来。在中国，电子商务的发展只有十几年的时间，目前还不完善，但中国网民的不断增加，必将使电子商务掀起一股世界网络的热潮。

两年前，我虽然学电子商务这个热门专业，但在校期间我对这个专业的理解都是一些理论上的东西，没有切身的体会。

电子商务是一个涉及面很广的专业，里面的每门课程都可以分解成某个行业的知识。这个专业可以同时塑造各种各样的人才，如编辑、设计、技术、销售、物流专员、外贸专员、电子商务专员、策划、公关、教师等，不管你选择的是哪条路，最后都会塑造出一个全能型的企业高级人才。关于职业选择，如果你希望自己走到职业生涯的顶峰，可以从以下几方面规划自己的发展道路：

（1）从网络编辑开始：新闻—编辑—推广—策划—运营。从事这条路走到职业生涯的顶峰，需要比较强的文学能力、写作能力，对身边的事物要有比较强的敏觉力。需要使用的软件有Photoshop、Office、Dreamweaver、Flash等。

（2）从销售开始：销售—策划—推广—运营。从事这条路走到职业生涯的顶峰，前提是你的口才要出众，这样才能在销售行业生存。销售做到一定时候会对一个行业非常了解，此时就要通过做策划、做方案来提升自己的能力，才能走到运营这个角色。

（3）从设计师开始：设计—策划—推广—运营。

（4）从技术开发开始：技术—策划—推广—运营。

下面，分享一下我的职业生涯发展路径。

学做新闻

我最初制定的职业生涯规划路径是这样的：新闻—编辑—推广—策划—运营。

“网络编辑体会到的大多是复制粘贴的尴尬、网络搬运工的无奈。”大量此类帖子充斥于网络，令人沮丧。但切不可因此瞧不起这个最基本的“复制粘贴”工作。人的知识结构的建立，就像盖一座大厦，一砖一垒慢慢堆砌，最后才能见到一座大厦的全貌。同样没有最基本的“垒砖头”的过程，你是无法领略到做新闻的真谛的。新闻粘贴得多了，你就知道哪些是好新闻，哪些是垃圾新闻，哪些新闻可以成系列，哪些新闻可以追踪粘贴，哪些新闻没有写在点子上，是否要用一个更好的标题去替换它。倘若你觉得某些新闻对某一事件的表露还意犹未尽，不妨大胆地将几条新闻进行整合。若你觉得某一事件确实具有重大影响，那么就应该考虑做个专题，把事情的来龙去脉梳理一遍。通过这些步骤，你就渐渐学会新闻的加工、组织乃至创新了。

从来没有人要求你每天不加思考地复制粘贴。网编教材师傅彭兰女士在她的文章中提到过“粘贴—加工—组织—解读”是网络新闻的四个层次。低手只能看到第一层，而高手则能看到后几层。

互联网技术每天都在更新，一些很好的技术已经可以让你不必费力地去寻找新闻。例如RSS、百度、Google、网摘、Vista系统的Google桌面等，你只需定制，新闻就会主动送到你面前。

如果编辑新闻，没有策划专题的能力，那么，这样的新闻编辑是不合格的。百度一下如何做新闻编辑，就会有不少详尽的专业指导，可以多看看。

挑战新闻编辑

由于政策的原因，国内大多数商业网站目前还不具备自采新闻的权利，这意味着70%的网站的内容编辑需要培养一种意识，那就是整合。

互联网上的大多数新闻都处在信息“整合”阶段，对于目前的网络编辑来讲，这是一种较为经济的做法。信息整合看似很简单，实际上学问很大。说得浅一点，信息整合包括形式上的组织与内容上的组织，即进行合理的界面设计、合理的新闻栏目与专题的策划，一方面要对现在的新闻进行整合，另一方面要争取独创性。从长远来看，“原创”是必然趋势。即使暂时做不到原创，也要利用评论、深度报道等形式尽量向原创方面靠拢，收集专业人士的观点文章，突出自己的原创特色。

说得深一点，要理解信息整合就要了解分类与聚合是怎么回事儿。Web1.0的时代，网站少，都是大一统，看着新鲜，但捉摸不出个门道来；Web2.0时代，分类与聚合的应用无处不在，才能真正品出点互联网的味道来。265、hao123等网站只是应用了最基本的分类导航技术，就已经声明赫赫了；58同城、51city、客齐集和赶集网则是典型的分类信息网站，他们分别获得了IDG、软银等国际VC巨头的青睐；更高的是分众传媒与聚众传媒，身价可达数十亿美元，它们已经把分类与聚合的精神发挥得淋漓尽致。当然，顶级的应用当属搜索引擎了，搜索引擎是聚合思维的典型体现，现在我们谁还能离开百度、Google它们呢？

所以说，谁要是不会用搜索引擎来做工作，谁就不适合在互联网发展；谁要是不精通掌握搜索引擎，谁就不是一个好网编。

关于此类知识，推荐两个网站：方兴东的TNT论坛（http://bbs.chinalabs.com）、刘韧的Donews（http://www.donews.com）。特别需要提醒的是，分类之后要专业化，选择某个知识类别，选准某个领域或者某个频道来做，如财经、IT、游戏体育或者教育，然后进入自己的细分市场，一直做下去。只有这样，你的知识才会积累，才能看到“大厦”的全貌。那种做综合新闻，在不同专业的网站之间跳来跳去的人，是目光短浅的。对于聚合，一定要记住一个词——Keyword（关键词）。目前所有搜索引擎的奥秘，所有专题，所有网络推广，所有相互链接，所有Tag，无不依赖于它。关键词，就是我们打开“阿拉伯山洞”的神秘之钥。网络上的信息不是太少了，而是太多了，聚合不过是选择你需要的，选择同一类的，让万物各归其类。

尝试推广

不得不强调，网络营销与推广是必学的。我们面对的是海量信息的Web2.0时代，是搜索引擎成熟的时代，是几百万家网站的时代。供过于求的市场，需要营销；品牌的建立，需要推广；网站要做大，需要流量，需要更多的眼球。而网络，是典型的注意力经济。如果不懂SEO，不知道计算PV，浏览器里没有Alexa，不知道病毒营销、六度理论、流量置换、软文、广告联盟等类似于E时代营销（http://www.emarketer.cn/）和新竞争力（http://www.jingzhengli.cn/）这样的网站，就该好好反思了。但首先，建议安装一个Alexa工具条，然后向Google发出Google Analytics申请，或者找几个流量统计网站，这样就可以知道网站访问来源于哪里，谁在登陆你的网站，他们停留了多久，他们对哪些内容感兴趣，那么做推广就有的放矢了。

敢于担当策划

网编做久了，一般会升职。当升到一定的职位，上司就会给你布置这样的任务：我们计划改版，请你拿出一个方案来；我们准备新增一个博客频道，你看看怎么办；我们要改变我们的首页，你看怎么改，把栏目扩展一倍，行不行？诸如此类的问题，会不断挑战你的极限。这时候，你一定要有信心和有能力做好策划。这方面的知识全凭你在工作中去琢磨，全看你是否具备快速学习和迅速反应的能力。如果做不来的话，我建议你去看看“19岁就给首富讲课”的故事。没有人天生就什么都会，在网络时代，需要每个人都变成特种兵，快速反应，快速机动，适应各种复杂“地形”的变化。网络没有樊篱，没有程式，一切都是可变的，一切都可以创新。是否会在闲暇时刻泡泡论坛，是否会在别人看电视的时候写写博客，这些非主流因素往往能锻炼你的策划能力。

担当策划首先要明白，策划工作一定是要围绕赢利模式开展的。不少做网络策划的人每天都在推翻旧想法重来，但就是不往赚钱上面靠。不赚钱，网站不赢利，要它来干什么？网络有网络的游戏规则，要赚钱，就得拿出人们愿意买的好东西，这个规则像大棒，会把“为客户提供好的服务、好的内容，为用户创造价值”等观念砸进你的脑袋，让你真正踏实起来。

其次还要有个分类导航网，例如教育网站集结之类的，以确保熟知网络领域有哪些网站，人家是怎么做的，是效仿他们还是进行差异化竞争？能否融合最新的Web2.0的东西？能否让网站频道相互关联？能否推出一套积分制？能否实施VIP会员制？能否引入虚拟币系统……做策划的时候就会发现，网络越来越像个大社区，我们在这里了解资讯，在这里娱乐，在这里学习，在这里交友，在这里疗伤，在这里消费甚至寻找爱情。不妨参照现实里的社区，这个网站是否提供影碟租赁店、医院、图书馆、超市或者银行等，如果没有就考虑是否要搬到网站上去。网络不过是现实社区的虚拟版，工作在这里，生活也在这里，就会渐渐发现工作和生活在合而为一，到分不清现实与虚拟之间的距离时，策划灵感就会源源不断而来。

冲刺运营

做网编需要有一个终级目标，这个终极目标是什么呢？国家的职业指导政策给出的答案是CIO——信息总监或者信息规划师。现在回顾我的职业生涯规划之路：新闻编辑—内容编辑—频道编辑—内容总监—信息总监，这条路很清晰，但走到底并不容易。在新闻编辑阶段，你是兵；在频道编辑阶段，你是将；在信息总监阶段，你是统帅，是指挥官。整个网站从无到有，上百万条信息，几十个频道，也许都要你一手策划。你不仅要研究宏观经济政策、风险投资市场、传媒业的变迁、整个教育或者网游市场规模与赢利预期、ERP、CRM、SCM、KM、EC，而且要学会解决人力资源问题、管理问题、财务问题、协调问题，甚至需要擅长与投资者打交道，进行路演、谈判。看看今天的陈彤、李善友就知道做总监是不容易的。你可能在五年内不会过一天好日子。但请记住，并不是所有的人都会在意你成功背后的辛酸！当然，在那个时候，你会获得巨大的成就感。你生命里的那种荣誉感会推着你不断前进，你也许会像马云和陈一舟、周云帆等风云人物那样铸就人生奇迹。

分享做外贸的快乐

——天河软园新菱集团国际部 朱晓艳

自2006年6月毕业至今，我参加工作已经快两年了，现就职于广州市天河软件园新菱集团国际部。

从走出校园参加工作的那一刻起，我才算真正领会到了钱钟书“围城”的内涵。围城内外固然存在着不同的世界，人们过着不同的生活，但城里的人也好，城外的人也罢，都必须面对生活，承担责任。就是因为生活，因为责任，生命才能真正体现出它的意义。

第一次来到一间外贸公司，心情既兴奋又忐忑。兴奋是因为我从此真正走向独立，忐忑是因为我将要在一个陌生的环境里工作。但我的忐忑很快就被公司的同事驱散，因为我所到之处，从办公室到仓库到宿舍，都是温馨的微笑和关心的问候，这使我感到了家庭的温暖。微笑真的是人与人之间消除隔阂、进行沟通的最佳方式之一。衷心地感谢他们，正是他们的平和与宽容打消了我因第一次参加工作而带来的顾虑，为我真正融入这个集体作了铺垫。

公司的主要业务是外贸，主要产品是当今最流行时尚的外贸品牌服装，作为一名新员工，我需要学习外贸流程和熟悉公司产品。从未接触过外贸的我，对于外贸感到特别兴奋和好奇，迫不及待地想尽快学习整个外贸流程。我的积极主动打动了同事们，我的刻苦努力更感动了他们，在他们的帮助下，我只花了短短的半个月时间就熟悉了公司的全部业务及产品。接下来的一个月，我开始了独立的业务工作，每天早上起来，不停地在网站上发布产品供应消息。当然在2005年，最初的“B2B”电子商务网在全球数阿里巴巴最大最出名，于是公司理性地选择了阿里巴巴这一平台，这是我们当时寻找客户的唯一平台。发布完产品供应信息之后，就是等待客户看到供应信息后主动找上门来，在一般情况下，如果所发布的信息有吸引力的话，晚上就会收到很多有效的信息反馈及客户咨询，我们再根据客户的意向，重点推荐热门的及有优势的产品。在这样的交谈中，我们可以通过电话或者网络交流，比如MSN之类的聊天工具，一旦与客户谈成之后，便可开始交易。当然，“B2B”有很多种交易方式，但对一个小小的私营公司来说，只有一种最直接的交易方式，那就是客户付款后，等公司确认收到款再进入交货阶段：备货—发货—货运跟踪，直到客户说收到货，没有问题了，才算完成一个完整的交易流程。在货运过程中，我们需要联系各个货运公司，或者客户指定的货运公司。整个流程看起来简单，但实际操作起来却有很多琐碎的工作需要自己亲自动手，每一张订单的出货期、交货期都需要时刻跟踪着。一旦出错了，如发错货或者写错了地址，所产生的后果是十分严重的，所以我们都十分细心地工作。当时一个月下来，我达到了50万的纯业绩，公司领导及同事都为我感到骄傲，我自己也感到很开心。在出来工作之前，我总是担心自己没学历也没特长，害怕自己找不到好工作，害怕一个人在外面无法生存。来到这间公司之后，我才明白付出总是会有回报的。路遥曾经说过：没有初恋般的激情和宗教般的意志，人是不可能成就一番事业的。无论是在工作上，还是在学习、生活上，我们都得努力。

外贸公司的主要客户群在国外，由于时差关系，在这样一间小小的公司里无法改善工作效率，所以我辞职了。在临走前上交自己手上所有的工作资料时，我有点不舍，因为那是用辛酸的汗水换来的。但是我并不后悔，因为我能够独立了，没有公司有利的资源平台，我一样可以通过自己的努力利用这发达的网络资源寻找客户，进行最简单的“B2B”交易。当然交易额不会像在公司时那样可观，但至少能够实现我的外贸梦想，我很开心，也很知足。再后来，“B2B”交易平台慢慢地增多了，淘宝、易趣、拍拍等，可利用的资源越来越多，竞争也越来越大。

辞职之后，我凭着以往的外贸工作经验，去了另一间外贸公司，也就是我现在任职的Sinro公司。Sinro公司环境不错，规模还行，有着20多年的发展史，在这里可以接触到更多的外贸知识，涉及海关的资料也比较多，而且因为公司产品不同，运输方式也不同，主要是海运和空运。另外，在报关方面要求也严格很多，需要各种正式的报关资料。于是，我又开始了新一轮的外贸工作和学习，学习内容有熟悉的也有陌生的，我很开心。工作之余我还可以进行自己的服装的“B2B”交易，丰富业余生活。我希望能在外贸这片土地上，通过自己的劳动获得别人的尊敬，实现自己的人生理想！

我的追求是开心地工作和生活，工作的时候认认真真、爱岗敬业，休息的时候玩得开开心心。

附：我自己的淘宝小店：http://shop34862345.taobao.com/。

2008，刚刚起步的网商

我是叶嘉俊，2007年毕业，已经工作一年了。在这一年里，我做了三份工作：第一份工作是客户代表，第二份工作是网游推广经理，现在则做电子商务助理。在每一份工作中我都得到了回报，都物超所值。

客户代表，这份工作看上去很简单、很悠闲，没什么难度，不具备挑战性，待遇也一般。不过，看上去简单无聊的工作也可以帮助我掌握所缺乏的技能，积累丰富的工作经验。客户代表要面对大量的客户，刚开始我什么都不懂，打电话跟客户沟通会感到很害怕。经过一个月的培训和实习，我掌握了沟通技巧，胆子变大，说话的技巧也得到提高，我能够主动跟客户沟通了。这份工作虽然工资低，但它是一个起点。

网游推广经理，说起来很好听，其实只是一个最低级的推广员，底薪1200元，不包吃住。做推广员一天的开支大约20元，因此，我常常入不敷出。但我并不觉得难过，我没有什么社会经历和工作经验，也没有人脉关系，不能过分计较报酬得失，最重要的是积累经验。我在这个行业工作了四个多月，前一个半月做一名普通推广员，每天拜访广州各地区的网吧，跟网吧主管、经理、老板打交道。由于在第一份工作中累积了经验，掌握了沟通技巧，所以第二份工作我做起来得心应手，仅一个半月的时间，我就当上了代理经理。应该说，这是体现我自身价值的第一份工作。

当上网游推广经理后，我接触了更多人，包括同行业的高层，比如报社、广告公司、网络公司等。这份工作的工资也不高，但给我带来了丰厚的人脉关系，这是金钱买不到的，这一切一切的经验、技巧、关系都为我以后的道路作好了铺垫。

电子商务助理是我的第三份工作。我们公司是做饰品批发的，尚处于起步阶段，工资不高，在1200～2300元之间。在我们工作的大楼里有中国十大饰品企业：顶好、新光、依泰莲娜等。但我最终还是选择了现在工作的企业，因为我觉得刚起步的企业往往更有发展前途，这些企业的管理还没有完善，我们有更多机会发挥自己的才华，不但可以帮助企业创造效益，还能体现自我价值。目前，很多毕业生都喜欢到大公司里工作，这无可厚非，毕竟大公司本身就是品牌。不过，在小公司，见证公司的发展并与公司一起成长，最终会收获很多经验。现在，我已经不是那个初出茅庐的莽撞小子了，在工作中积累到的相关知识、经验和资源令我变得更加成熟稳重。我很自信地认为，我已经不用为自己要去哪里找工作发愁了，因为工作自然会找上门来，如果有机遇，我还想自主创业呢。

虽然我所工作的公司不起眼，底薪不高，但我做事并不是为了一两千元的薪酬，我更渴望获得成长的经验。在公司做事，我能在网络上销售公司的产品，不用自己投资，不需要承担投资风险，能卖多少就卖多少，不用冒险压货。我能赚到薪酬以外的经济利益，又不需要承担风险，还能给老板带来收益，达到了双赢的效果。等我有了成绩，老板看在眼里，我也能够以自身的优势跟老板谈待遇了。不断地良性循环以后，我的待遇自然就不会太低。

另外，我在做销售的同时也兼职做广告业务，这份兼职跟正职息息相关。因为公司需要做广告，广告业务需要有客户做广告，同行也需要做类似的广告，作为他们的同行，我了解他们的服务需求，谈起业务来格外顺利，达到了多赢的效果。做网游推广经理的时候，我经常要去拜访网吧老板，跟他们洽谈业务。在拜访的过程中，我发现有的网吧需要更新电脑，有的网吧需要重新装修，于是我给他们推荐电脑销售公司、介绍装修公司。我的初中同学是做电脑销售的，他帮我联系了大型电脑硬件批发商家，另外一位做地产销售工作的朋友则帮我联系了信誉比较好的装修公司。我做广告业务做出了成绩，不仅赚到了钱，还赚到了人际资源。

大致说来，每个人都要走上仕途、商界、学术三条道路中的某一条。在进行职业生涯规划的时候，不妨以此作为思考的出发点，根据不同的职业生涯规划方案塑造各自的核心竞争力，只有清楚自己以后要做什么，才能知道自己应该学什么。如果已经选定了自己以后要走的路，就要坚持走下去，不要临阵退缩，人生有多少时间能给你回头，从头再来？企业用人是看能力而不是看学历的，天生我才必有用！更何况是专业技能，千招会不如一招熟。十个百分之十并不是百分之百，而是零。如果十项工作中每项你都只会做百分之十，那么，在用人单位眼中，你什么都不会。所以，你必须让自己具备核心竞争力。掌握一技之长真的十分有意义。“通才”只有在“专才”的基础上才有意义。专业就是你在一项工作里的熟悉程度，要熟悉透彻自己所选的专业技能，在学校里就要好好培养自己，让自己成为一个专业的人士。

乐当一名高级蓝领

在广东卫视《技行天下》那一场机电一体化的专场比赛中，来自深圳康灿科技有限公司的副总工程师肖清雄荣膺桂冠，而在广东省人力资源和社会保障厅同期举行的2012年全省职业技能大赛中，肖清雄亦拔得头筹，成为继何秀文之后的又一个双料冠军。

2012年10月20日傍晚，在深圳光明新区雅盛科技工业园里，记者见到了身穿工作服的肖清雄，他略显疲态。“别人需要七步解决的问题，他三步就行了。”一旁的同事对他赞不绝口。

求学他感觉像个魔法师

肖清雄出生在粤北山区的农村家庭，17岁时，为了减轻家里的负担，他提出去当时的韶关第二高级技工学校学机电。“从小见惯了别人做体力活，就想学一门技术傍身，以后不用那么辛苦。”

在技校肖清雄第一年学基础课，第二年开始实操。一个月理论一个月实操轮番轰炸，理论没明白就在实操时理解，实操遇到问题就到书本上找原因，一本专业书他一翻就是三四遍，一学期不到，书很快就被翻得“面目全非”。通过课上接电、编程实现机器自动运转，他觉得自己像个魔法师，对这一行兴趣渐浓。

有一次，学校打算将校门口的铁门换成自动门，他和两个同学主动请缨，七手八脚地做出了控制系统，将铁门设置成早上7点自动开门、晚上12点自动关门。这件事让他到现在依然颇感得意：“那时候慢工细活接出来的电线是很漂亮的。”说起接线，他一脸陶醉。

渐渐地，肖清雄的“胃口”开始变大。听在外打工的亲戚说CAD制图很管用，他咬咬牙自费报了个CAD制图培训班。从此，午休、晚上的所有时间他都用来学习CAD制图，一学期后就拿下了CAD中级操作员证。“现在制图都离不开CAD，有些人那时没学，后来一个指头一个指头敲着键盘学！”

就业拼命三郎拼命升级

2006年，肖清雄来到深圳德昌电器有限公司做维修电工。做维修电工很辛苦，机器一坏就要检修，几台一起坏时他就手忙脚乱。当时行业流传着一句话：“吊儿郎当的电工才是好电工。”你很忙，说明你平时的维护不到位，老板反而不喜欢，怕你伤机器。

在德昌公司的两年里，肖清雄每天工作12个小时，一边加班一边看图纸，见识了各种机器。“机器原理都一样，熟练了就行，见识更多机器，解决问题才是最重要的。”凭着这份自信的判断，肖清雄跳槽到了深圳南玻集团，半年后又到了机器自动化程度更高的日立集团。

日立集团是肖清雄为自己职业生涯排兵布阵的一次精心选择。当时深圳有三所技工学校，分别在西丽、梅林、福田，最后他选择了在福田保税区深圳职业技术学院旁的日资企业日立集团，工作的同时报考了这所学校的高级电工课程。

肖清雄每天一下班就往学校跑，还是一副“拼命三郎”的劲头，他花了半年时间考取了高级电工资格。接着，他又冲击技师证，一下子报了两门模块化技师课程，一年后就成为高级模块化技师，而同样的课程别人至少需要两年才能完成。

规划致力拿下行业尖子

日立集团的工作经验让肖清雄对大型控制系统了如指掌，他从一名普通电工成长为一名高级模块技师。带着扎实的基础和高层次技术，2012年他空降到康灿科技有限公司，出任副总工程师，年薪15万元。

“广东省技术能手”、“深圳市技术能手”、“广东省五一劳动奖章”、“广东省五四青年”……在康灿科技公司的会议室里，挂满了肖清雄的各种奖状。2010年代表深圳参加广东省职业技能大赛时，肖清雄碰到了两位前来参赛的母校的老师，长江后浪推前浪，学生当仁不让地赢了老师，夺得冠军。

“这么一步一步按照自己的规划走，就走成了一个‘高级蓝领’，当初也没想到自己现在可以这么好。”说起这些经历，肖清雄显得很知足。他说，最大的感受还是觉得自己的经历可以为弟弟“现身说法”，他常常叮嘱弟弟要学好数学和英语。“如果这一行有一百个人做，那你就要做到前十，不然还不如不做！”

第五部分　求职演练场

项目一　职业个性测评

教学活动任务书

1.请你在网络上进行职业性格测评。

2.请你在日常学习中不断调试和完善自己的性格，使之逐渐接近未来岗位的性格要求。

3.请你结合自己平时的了解和经验，对照未来岗位对性格的要求，做出职业性格调适、培养的计划。

4.请职业性格接近的学生组成小组进行讨论，完成以下资料。

5.请各组派代表展示结果。

个人性格与职业性格对照表

内容	个人性格	职业性格
应有或现有		
不足或差距		
原因		
措施和方法		
时间		

项目二　确立求职目标

教学活动任务书

1.请你通过采访或者网络、资料搜索等方法，寻找你所学专业的对应岗位有哪些，这些岗位需要哪些条件，你本人目前存在哪些差距，有什么对应的改进措施。

2.请选择相近岗位的学生组成小组，选择两则招聘广告，分析岗位对职业能力、职业素养等方面的要求。

3.请各组派代表展示结果。

个人求职目标情况表

序　号	岗　位	岗位要求	职业素养要求	职业能力要求
1				
2				
3				
4				
5				
6				

小组汇总表

心仪的岗位： 岗位要求： 1. 职业性格要求： 2. 职业能力要求： 3. 职业素养要求：	存在的差距： 完善自我的措施：

项目三　寻找求职渠道

教学活动任务书

1.通过调查与搜集，建立信息库，包含至少5个所学专业对应用人单位的信息。

2.通过调查与搜集，建立信息库，包含至少10个校友信息。

3.通过调查与搜集，建立信息库，包含至少5个人才市场信息。

4.通过调查与搜集，建立一个求职网址信息库，包含至少5个专业求职网络信息。

5.请每位学生展示结果。

用人单位信息库

单位名称					
单位地址及电话					
单位网址					
负责人情况					
内部管理情况					

（续上表）

单位规模					
发展前景					
最近招聘岗位					
潜在需要岗位					
对人才的要求					
薪酬情况					
其他情况					

校友信息库

姓名							
工作地址及电话							
所学专业							
工作经历							
职务及职业感言							
对学校教学改革的建议							
其他情况							

人才市场信息库

名 称						
地址及电话						
网址						
交通路线						
管理情况						
面试体会						
其他情况						

求职网址信息库

网址名称					
所在地区					
网址					

（续上表）

网站特色					
注册用户名及资料					
更新情况					
点击率					
面试情况记录					
网站管理情况					
其他情况					

项目四　准备求职资料

<table><tr><td>

教学活动任务书

1.分析以下招聘广告，根据岗位要求，思考求职者在求职信和简历中应该从哪几个方面表现自己。

2.根据个人的求职意向，拟写一封求职信。

3.根据个人的求职意向，参考以下版本，制作一份完整的求职简历。

4.请根据以下参考资料，进行小组讨论并为成员的求职资料打分。

</td></tr></table>

广州某计算机科技有限公司招聘广告

客服部：网络销售客服（5名）

岗位职责：

1. 处理公司独立网站及第三方销售平台的客户订单。

2. 对站内信、店铺留言及宝贝留言进行及时回复。

3. 与客户在线交流，了解客户需求，收集处理客户信息并及时反馈，妥善处理客户投诉，保证客户满意。

4. 熟悉店内产品，能准确有效地为不同顾客做推荐参考；详细问清尺寸与款式，为其建议是否合适。

5. 每天及时跟进客户的订单情况。

6. 协助产品部商城、网站的产品管理工作，包括：①安排产品上架；②及时下架销售完的商品，防止缺货。

7. 完成上级领导安排的其他临时性工作。

任职资格：

1. 学历：中专或以上。

2. 年龄：20～28岁。

3. 经历与能力：

（1）性格开朗，思路清晰，反应敏捷，能接受早晚班轮班工作制和承受较大的工作压力；

（2）普通话标准、流利，声音甜美；

（3）熟练使用电脑，熟悉Office办公软件，打字速度快(50字/分以上)；

（4）有良好的服务意识，工作耐心细致；懂得客户心理，有一定沟通技巧，积极主动，思维敏捷，工作耐心细致；

（5）有电话销售工作经验，熟悉淘宝商城（阿里巴巴）的操作流程和实际运用经验，了解淘宝规则者优先。

薪酬待遇：面议

联系地址：广州市某区某路某号

联系方式：周小姐/吴小姐 020-82000000

简历、自荐信递交方式：shangdongr@126.com

公司官方网站：www.inshion.com

毕业生就业推荐表（模板）

<table>
<tr><td rowspan="5">基本情况</td><td>姓　　名</td><td></td><td>性　　别</td><td></td><td>民　　族</td><td></td><td rowspan="4">（可粘贴电子照片）
照片</td></tr>
<tr><td>出生年月</td><td></td><td>政治面貌</td><td></td><td>健康状况</td><td></td></tr>
<tr><td>家庭地址</td><td colspan="3"></td><td>邮　　编</td><td></td></tr>
<tr><td>专业名称</td><td colspan="3"></td><td>生源地</td><td></td></tr>
<tr><td>Email</td><td colspan="3"></td><td>电　　话</td><td colspan="2"></td></tr>
<tr><td rowspan="6">个人经历</td><td>间起止时</td><td colspan="4">学习（工作）单位（始于高中）</td><td colspan="2">职务（没有则职务填“学生”）</td></tr>
<tr><td></td><td colspan="4"></td><td colspan="2"></td></tr>
<tr><td></td><td colspan="4"></td><td colspan="2"></td></tr>
<tr><td></td><td colspan="4"></td><td colspan="2"></td></tr>
<tr><td></td><td colspan="4"></td><td colspan="2"></td></tr>
<tr><td></td><td colspan="4">（多余的空格可以删除）</td><td colspan="2"></td></tr>
<tr><td colspan="2">主要课程</td><td colspan="6">（各专业主要课程）</td></tr>
</table>

(续上表)

所获证书	(英语考级证书、计算机证书、奖状等均可)
社会实践经历	(实习经历、兼职经历、学生会、社团工作经历等均可)
特长及爱好	(音乐、体育、书法、美术、计算机技术、财会技能、摄影、电脑游戏等均可)
自我评价	(应该多写,要把自己生动地表达出来)
求职意向	(描述你所向往的行业、岗位、职业等,应根据每次应聘单位和岗位的不同有所调整)
班主任评语	班主任签名: 年　月　日

（续上表）

所属系的意见	得分 系　盖　章 年　　月　　日
招生与就业指导中心意见	招生与就业指导中心盖章 年　　月　　日

求职材料评分表

评分要素	评分要点	具体描述	
求职材料内容75分	封面5分	1．版面设计新颖，有创意	
		2．版面内容能体现专业特点	
	简历35分	1．格式规范，内容完整，思路清晰	
		2．求职目标清晰，简历内容有针对性	
		3．个人技能描述准确，精练，有逻辑性	
		4．社会实践（实习经验）描述论据充足，可量化	
		5．个人彩色登记照片符合目标岗位求职规范	
	求职信25分	1．格式正确，无错别字及语法错误	
		2．写作思路清晰，逻辑性强	
		3．能突出显现个人的优势及与目标岗位的匹配	
		4．真情实感，有感染力	
	证明材料10分	1．版式设计美观、大方	
		2．排列顺序合理有序	
		3．排版工具运用技术性强	
整体效果25分	完整性10分	内容完整，符合完整求职材料的整体要求	
	逻辑性10分	设计思路清晰、逻辑合理，能准确把握求职材料的核心与关键	
	美观性5分	格式清晰，版面大方美观，创意新颖	

项目五　求职体态训练

教学活动任务书
一、分组：由求职目标接近的学生组成小组，每组推选一名组长。
1.各组根据以下要求训练眼神，使眼神变得自信、专注。
2.各组根据以下要求训练微笑，要求自然、亲切。
3.由各组长介绍自己的团队，展示团队的美好形象。
二、教师进行讲解、示范、点评。

求职表情训练要求

一、用眼神传达信息

1.训练眼睛的变化

训练眼睛自身的变化，包括瞳孔的变化、眼球的活动、眼睑肌肉的运动、眼腺的分泌等，人在极端兴奋的时候瞳孔会放大，反之则缩小；人在着急思考对策的时候眼球动得很快，反之则慢一些；人在遇到感兴趣的人与事时，眼睛就会睁大，眼睑肌肉拉大，但如果不愿意理睬某人某事，就会耷拉下眼睑肌肉；很多人在过于激动的时候，眼泪会像断了线的珍珠一样滑落，泪腺分泌旺盛。

2.训练目光的投向

目光注视的部位不同，表明双方的关系不同，所注入的信息也不一样。比如亲密的注视，是注视对方两眼与胸部之间的三角形区域，而社交意义上的注视，则把目光停留在对方的双眼与腹部之间的三角区，但这里需要注意各民族的习惯与文化背景，有的民族把注视看成是一种冒犯，比如日本人在谈话时是注视对方的颈部，而不是面部，更不是眼睛。因此，在目光交流的过程中，一定要考虑文化差别的因素。另外，同一民族，即使是“亲密注视”，比如妻子注视丈夫或者丈夫注视妻子、父母注视孩子、兄弟姐妹之间注视等都有一定的区别，需要灵活掌握。

3.训练目光的时距

目光注视对方时间的长短，也是很有讲究的。长久不注视对方，则被认为是冷落对方，或者是对对方不感兴趣；长时间地盯着对方看，也很不礼貌。刚一注视就马上躲闪，往往被看作是胆怯或者心虚。一般地，要想与别人建立起良好的人际关系，交流的大部分时间都应该关注对方，大约有60%～70%的时间注视着对方，这会使对方觉得受到关注，从而对你产生兴趣，进而产生信任感。因此，不难想象，紧张、羞怯的人由于目光注视的时间太短，就不容易被人信任了。自卑、胆怯的人进行训练的时候尤其要注意自己的目光别飘来飘去。

4.训练目光的视式

目光注视的方式我们称为视式，表明交往双方交往的态度。当一方对另一方非常重视，或者谈论比较严肃的话题时，一般会采用正视；当对对方表示轻蔑或者反感的时候，就会采用斜视；当对对方毫无兴趣甚至厌恶时，就会采用耷拉眼皮的姿势。这些变化都是比较有讲究的。比如，在训练演讲的时候，我们大多用正视，并适当地配合采用扫视和环视，这样既显得庄重严肃，又照顾到所有的听众，容易引起大家的共鸣，演讲效果比较好。

5.控制对方的眼神

在人际交往中，我们主要靠注视来维持自己与对方之间的交流关系，靠注视把对方的注意力集中到我们这里。我们在向对方讲解问题或传授知识，有必要辅助图画、实物、手势等，以便设法控制对方的眼神，也可以用一支笔或教鞭指着图画或实物，同时念出所指的部分，并注意把笔或教鞭移到彼此目光的直线上。演讲或者朗诵的时候，可以适当辅助手势，增强感染力。为了更好地把握并很好地运用我们的眼睛，建议大家注意观察并模仿动物的眼神：男性眼神像雄鹰的眼神一样，刚强、坚毅、稳重、深沉、锐利、成熟、沧桑、亲切、自然；女性眼神像明亮的月光，像猫的眼神一样，柔和、善良、温顺、敏捷、灵动、秀气、大气、亲切、自然。

二、用微笑彰显自信

1.自然地微笑

微笑是发自内心的，是美好心灵的表露。我们需要怀抱感恩之心，少一份怨天尤人的抱怨，多一份发自内心的满足与快乐。感恩生活给予我们成长的机会，给予我们磨砺，给予我们友情和亲情，给予我们快乐和幸福。微笑必须发自内心，渗透着感情，自然流露，没有必要为笑而笑或装腔作势地笑，更不要皮笑肉不笑。

2.真诚地微笑

微笑的潜台词就是："我喜欢你，你使我高兴，见到你真的很愉快。"真诚就是真切、诚恳之意，温暖人心，感人心肺。在自我训练的时候，可以在自己的内心深处注入这样的信息："我觉得你很好，我也不错，很希望成为你的朋友，跟你在一起很高兴。"

3.掌握微笑的要领

双颊肌肉用力向上抬，嘴里念"一"音（普通话），用力抬高口角两端，但要注意下唇不要用力过大。面部肌肉放松，嘴角微翘，可以露出八颗牙齿，但不要露出牙龈。

4.把握微笑的时机

微笑并不是不讲条件的，也并非适用于一切交际环境。微笑的运用是一种艺术。微笑首先要讲场合。出席庄严的集会，参加追悼会，或讨论重大的政治问题，自然不宜微笑。谈论严肃的话题，或者告知对方不幸的消息，或者你的谈话使对方感到不愉快的时候，也不应该微笑，如果不管不顾地微笑，那就变成傻笑了。其次，微笑要讲究程度。笑得太放肆、太过分、没有节制，就会有失身份，令人反感。微笑如果一笑即收敛，一闪而过，同样收不到什么效果，微笑的程度应该合适。合适的具体程度，需要在实践中摸索。再次，微笑要讲究对象。微笑给恋人传递爱慕之情，给同事、朋友、顾客传达友好之意，对长辈表示尊敬，对晚辈表示慈爱。

求职姿态训练要求

一、站立与坐姿

（一）站立训练

各组分列站立两排，面对面站立、对望，不必说话，然后再问好、握手、寒暄。

站立的时候，头部要正，颈部要挺直，双肩自然展开并向下沉，收腹、立腰、提臀，人体有向上的感觉；两脚并拢或微微张开，膝盖挺直，小腿往后发力；女士四指并拢，虎口张开，手臂自然下沉。

（二）坐姿训练

与同学合作，摆放椅子，面对面入座，自选题材，进行交谈。

坐姿要求“坐如钟”，给人以端正、大方、自然、稳重之感。入座时要轻要稳，走到座位前，转身后，轻稳地坐下来。女子入座时，若是裙装，应用手将裙摆稍稍拢一下。千万不要坐下以后再站起来整理衣服。在椅子上，一般坐满椅子的2/3。一般情况下，不要靠背，休息的时候可轻轻靠背。

入座以后，上身保持站姿的基本姿势，下身双膝并拢两脚平行，和鞋的方向一致。据所坐的椅子高低调整坐姿，双脚可正放或侧放，并拢或交叠，但必须记住：女士的双膝应并拢，任何时候都不应该分开，双手可自然弯曲放在膝盖或大腿上。

起立时，双脚回收半步，用小腿的力量，将身体支起，千万不要用双手撑着腿站起，要保持上身的直立状态。

与人交谈时，双腿不停地抖动，甚至脚跟离开鞋跟抖动，或者身体左右摇晃等都是不礼貌的、缺乏教养的表现；面试的时候不能翘起二郎腿，不能靠背，更不能将双脚搭到椅子、沙发、桌子上。坐下后脚尖相对，男士可双腿拉开成八字型，切忌将脚伸得很远。

二、走姿训练

播放节奏感较强的音乐，配合音乐进行小组训练。

走姿以站姿为基础，眼睛平视，精神饱满、步履稳健、神态自然、面带微笑。双肩平稳，双臂前后自然、有节奏地摆动，摆幅以30%～35%为宜，双肩、双臂都不应过于僵硬。走路时，身体稍前倾，行走时左右脚重心反复地前后交替，使身体向前移，并且两只脚两侧行走的线迹为一条直线。

步伐的幅度要适当。一般应该是前脚的脚跟与后脚的脚尖相距为一脚长，但因性别与身高不同会有一定差异。着装不同，步幅也不同。如女士穿裙装（特别是穿旗袍、西服裙、礼服）和穿高跟鞋时步幅应小些，穿长裤时步幅可大些。跨出的步子应是脚跟先着地，膝盖不能弯曲，脚踝和膝盖要灵活，富于弹性，不可过于僵直。在实际生活中，很多人的走姿不太规范，因此，在自我训练时，应该注意纠正以下不规范的走姿：①忌走路最忌讳“内八字、外八字”；②忌弯腰驼背，摇头晃脑，扭腰摆臀；③忌膝盖弯曲，交替不协调，使得头先去，腰部和臀部在后；④忌左顾右盼，走路时抽烟，双手插入裤兜；⑤忌身体松垮，无精打采；⑥忌摆手过快，幅度过大或过小。

项目六　求职服饰设计

教学活动任务书
1.各组根据以下要求进行求职服装设计。
2.各组派代表进行设计方案讲解，全体人员进行点评，小组再进行方案修正。
3.各组展示设计成果。可以采用图案、视频或模特走台等手段。

一、注意服饰搭配

（1）着装要与当时的环境相协调；

（2）服装与服饰色调要达到整体协调一致；

（3）服装的款式要大方得体，不要穿太暴露或太短的服装；

（4）着装的款式和尺码等要体现合体性；

（5）着装的色彩主要以冷色调和中间色调为宜，不要过于鲜艳。

二、着装打扮注意事项

（1）身高者不可“短打扮”；

（2）肥胖者不可“瘦修饰”；

（3）头小者忌短发；

（4）头大者慎长发。

三、注重职业西装搭配

面试时，男性最好穿西装打领带，女性以西服套裙为最佳选择，衬衫的搭配要适宜。西装一般以深色为主，如黑色、深灰色、藏青色，避免颜色太浅或太艳丽，更要避免格子西服。

西服一般分为单排扣和双排扣两种。在穿单排扣西装的时候，特别要注意系扣子，一般而言，如果有两粒扣子，则只系上面的一粒，如果有三粒扣子，则只系上面的两粒，最下面的一粒不系；穿双排扣西服的时候，则应该系好所有扣子。

四、男生求职面试着装要求

衬衫、西裤、皮鞋、领带是男生面试的最佳服装配备。面试前，应该挑选裁剪精细、款式经典的西服套装。颜色以黑色、灰色、深蓝色为宜，并且纯色最好，千万不要选大格子、大花纹、大条纹的西服。

男生穿西服需要遵守“三一原则”，即正装色彩应以简洁为宜，最好将其控制在3种色彩之内。超出3种色彩，一般会给人以繁杂之感。

五、女生求职面试着装要求

1.服装要整洁大方

应该选择套裙、套装，这是最通用、稳妥的着装。一套剪裁合体的西装、套裙和一件配色的衬衣或罩衫，外加相配的小饰物，令求职女生优雅、自信，会给面试官留下良好的印象。不应该选择款式过于前卫、时髦的服装，更要避免穿太紧、太透、太短、太暴露的衣服。

服装的色彩也应该保守端庄，黑色、灰色、深蓝色等稳重的色彩是比较理想的选择。当然，服饰色彩选择还应考虑所应聘的岗位要求，比如黄色可以表现丰富的幻想能力，红色可以表现出好动、活泼、外向的性格，穿着这样颜色的衣服去应聘公关、文秘等岗位，往往比较容易成功。

2.妆容淡雅自然

女生面试前应该化妆，但必须是淡妆，不宜化浓妆，浓妆给人一种不真实的感觉，容易影响面试官对求职者品味和专业能力的判断。要选择那些自然、淡雅的颜色，稍作修饰，清新自然，保持整个妆容的干净。

3.饰品简单精美

可以不戴饰品。但如果需要，应该尽量选择那些简单的饰品，既使自己感到舒适，又让别人看起来舒服。不应戴手链和形状过大、过于奇特的戒指或耳环等。

项目七　面试技巧训练

教学活动任务书

1.各组根据以下要求完成面试技巧检测。

2.各成员之间分享检测结果。

3.各组根据以下提问进行一对一互答。

4.各小组成员利用业余时间完成访谈任务。

一、面试技巧检测

请你判断下面各组问题中所列出的表现是否正确，并简要说明原因，把你的意见填在问题后面的相应括号内。若有不正确的，注意加以纠正，以便增强自己求职面试的信心。

1. 在准备第一次到某公司求职面试时，你会：

A．擦亮你的皮鞋，准时出现在那里。(　　)

B．有自信，认为把自己的简历给考官看就行了，不必作自我介绍。(　　)

C．面试前对这家公司的有关情况作一些调查研究。(　　)

D．穿戴得体的服饰。(　　)

2. 在到达面试现场时，下面哪些表现会使考官不快：

A．迟到。(　　)

B．随意的握手。(　　)

C．友好的目光接触。(　　)

D．犹豫不决的态度。(　　)

3. 当你面对面试考官时，你会：

A．不仔细听考官的提问。(　　)

B．坦诚并力图表现主动。(　　)

C．嚼口香糖、吃零食、吸烟（哪怕是对方提供的）。(　　)

D．看着自己放在膝盖上的双手。(　　)

4. 下面哪一种表现没有作用：

A. 适应面试场所的气氛。(　　)

B. 倾听考官的问话。(　　)

C. 用心探求求职经验。(　　)

D. 以强硬态度对待面试。　(　　)

5. 你所要求从事的职位对你来说是全新的，所以你会：

A. 询问开始工作的时间。(　　)

B. 同考官谈谈如何用你的工作经验来适应这些全新的任务。(　　)

C. 提出如果你得到这个职位，你会为何种问题而担心。　(　　)

D. 询问考官是否认为你能胜任这个职位。　(　　)

6. 你的考官对你谈得很多，好像他们已掌握你的有关情况，你会：

A. 希望考官再阅读一下你的简历。(　　)

B. 希望用考官的表述来引出你的经验和学识技能水平。(　　)

C. 打断考官的谈话，以提供有关你的信息。(　　)

D. 不顾考官唠叨，尽快离开考场。(　　)

7. 当面试结束时，你会：

A. 拒绝离去，除非考官告知结果。(　　)

B. 一声不吭，然后扬长而去。(　　)

C. 询问考官自己是否可以得到职位。(　　)

D. 相信自己的实力，愉快地离开面试场所。(　　)

二、面试问题应答

1. 请你做一分钟的自我介绍。

2. 请你谈一谈，你的最大优点是什么？

3. 请你谈一谈，你的主要缺点是什么？

4. 你认为自己能否胜任这项工作？

5. 你具有什么样的优势？

6. 你觉得自己在学校里最大的收获是什么？

7. 你希望多长时间后得到公司的提升？

8. 你希望在这里工作多长时间？

9. 你是学某某专业的，但你现在应聘的工作与专业不一样，是什么原因呢？

10. 我考虑你没有工作经验，不知道你是否符合我们的要求？

11. 你觉得自己与其他应聘者有什么不同之处？

12. 你有什么问题需要问我吗？

13. 你是否拥有很多朋友？他们为什么愿意跟你交往？

14. 我认为你太年轻了，不能适应我们公司的发展要求，你怎么想？

15. 这个工作为什么吸引你？

16. 你的主要特长是什么？

17. 你的生活目标是怎样的？

18. 在学校里，你的业余生活是怎么过的？

19. 你做过哪些工作（兼职）？

20. 我们公司规模不算大，你为什么不到大公司去面试呢？

21. 如果你被聘用了，你有什么要求？

22. 你希望自己在五年内有什么发展？

23. 请你描述一下你的做事风格。

24. 你希望自己每月工资是多少？

25. 如果你对上司不满，通常情况下你会怎样做？

26. 在学校里，你每月消费水平有多高？

27. 你的家人是否支持你在外地工作？

28. 介绍一下你的家人吧。

29. 你喜欢什么样的工作呢？

30. 如果达不到你的要求，你还会在这里继续工作吗？

三、访谈训练任务

请采访自己身边的师兄师姐、朋友、家人或老师，向他们了解关于求职面试的经历和应该注意的问题，并将这些问题整理出来，寻找应对办法。

采访表

采访对象基本情况	遭遇的面试问题	应对的办法
姓名： 工作状况：	① ② ③	① ② ③
姓名： 工作状况：	① ② ③	① ② ③
姓名： 工作状况：	① ② ③	① ② ③

项目八　“非你莫属”面试会

教学活动任务书

各组成员根据以下要求进行模拟面试准备。

1.观摩最新一期“非你莫属”或者其他求职应聘节目。

2.根据需要，各组推选出栏目主持人、嘉宾、企业老板（面试官）等。

3.各组代表参加应聘。

一、面试角色训练

1. 各自准备1～2分钟的自我介绍。每两位学员为一组进行角色扮演，一人扮演招聘者，一人扮演求职者，相互轮换。

2. 各组根据对方的自我介绍以及所搜集的资料选定需向“求职者”提问的问题。

3. “招聘者”向“求职者”提问：“请介绍一下你自己。”建议“求职者”回答时要包括以下内容：

（1）你的基本信息：姓名、学校、专业等；

（2）求职目标，即求职意向；

（3）你所拥有的与求职岗位匹配的各种技能、能力，你所受过的教育；

（4）与求职目标相关的，你以往的成就和资历；

（5）你的工作价值观等。

4. 在“求职者”用1～2分钟讲述完自己的情况后，可询问“招聘者”以下问题：

（1）我的自我介绍是否有吸引力？

（2）我的自我介绍能令人信服吗？

（3）我的自我介绍是否突出了我的个人优点和特长？

（4）自我介绍中的内容还有什么需要补充的？

（5）我有展示出个性，使个人形象鲜明吗？

（6）我的口语表达有没有需要改善的地方？

二、“非你莫属”面试会

1. 小组利用业余时间观摩最新一期“非你莫属”或者其他求职应聘节目。

2. 根据需要，以小组为单位进行模拟训练。

3. 请自愿者报名参加班级面试会。

项目九　自主创业准备

教学活动任务书

1.分组进行创业项目推选。结合个人经验，对项目的可行性进行评估。

2.根据以下条件，以项目为基础，在全班进行人才招聘和任用。

3.根据以上准备情况，参考以下版本，拟写创业计划书。

4.各组派代表展示学习成果。

5.各组提交相关的创业文件材料。

创业计划书

摘要:（简述创业计划书的总体概况）

第一章: 事业描述

必须描述所要进入的是什么行业，卖什么产品（或服务），谁是主要的客户，所属产业的生命周期是处于萌芽阶段、成长阶段、成熟阶段还是衰退阶段。企业要用独资还是合伙或公司的形态，打算何时开业，营业时间有多长等。

第二章: 产品或服务项目描述

需要描述你的产品和服务到底是什么，有什么特色，你的产品跟竞争者有什么差异，如果并不特别，顾客为什么要买。

第三章: 市场调查

首先需要界定目标市场在哪里，是既有的市场、既有的客户，还是在新的市场开发新客户。不同的市场和不同的客户都有不同的营销方式。在确定目标之后，打算怎样上市、促销、定价等，并且做好预算。

第四章: 地点选择

一般公司对地点的选择可能影响不那么大，但是如果要开店，店面地点的选择就很重要。

第五章: 竞争情况

竞争分析可以从五个方向去做: 谁是最接近的五大竞争者; 他们的业务如何; 他们与本业务相似的程度; 从他们那里学到什么; 如何做得比他们好。

第六章: 管理机制

中小企业98%的失败来自管理的缺失，其中45%是因为管理缺乏竞争力，目前还没有明确的解决之道。

第七章: 人力资源管理

要考虑现在、半年内、未来三年的人事需求，并且具体考虑需要引进哪些专业技术人才，全职或兼职，薪水如何计算，所需人事成本等。

第八章: 财务需求与运用

考虑融资款项的运用、营运资金周转等，并预测未来三年的损益表、资产负债表和现金流量表。

第九章: 投资风险

并非有人竞争才是风险，风险还可能是进出口汇兑的风险，火灾、地震或其他自然灾害的风险等，制定避险措施和风险发生时的应对预案。

第十章: 成长与发展

已经完成的情况，下一步要怎么进行?三年后、五年后如何?应该有预测。这也是创业计划书所要提及的。

个人独资企业设立登记申请表

<table>
<tr><td>企业名称</td><td colspan="3"></td></tr>
<tr><td rowspan="2">企业住所</td><td rowspan="2"></td><td>邮政编码</td><td></td></tr>
<tr><td>联系电话</td><td></td></tr>
<tr><td>经营范围
及方式</td><td colspan="3"></td></tr>
<tr><td>出资额</td><td colspan="3"></td></tr>
<tr><td>出资方式</td><td>1. 以个人财产出资</td><td colspan="2">2. 以家庭共有财产作为个人出资

家庭成员签名：</td></tr>
<tr><td>从业人员数</td><td colspan="3"></td></tr>
<tr><td>有关部门
意　　见</td><td colspan="3"></td></tr>
<tr><td colspan="4">谨此确认，本申请表所填内容真实无误。

投资人签名：　　　　　　年　　月　　日</td></tr>
</table>

投资人履历表

<table>
<tr><td>姓　名</td><td></td><td>性别</td><td></td><td>出生日期</td><td></td><td rowspan="4">一寸免冠
照　片
粘贴处</td></tr>
<tr><td>身份证
号码</td><td></td><td>学历</td><td></td><td>政治面貌</td><td></td></tr>
<tr><td>居　所</td><td colspan="3"></td><td>联系电话</td><td></td></tr>
<tr><td>现住址</td><td colspan="3"></td><td>邮政编码</td><td></td></tr>
<tr><td rowspan="6">工
作
简
历</td><td colspan="4">工作单位和部门</td><td>起止时间</td><td>职　务</td></tr>
<tr><td colspan="4"></td><td></td><td></td></tr>
<tr><td colspan="4"></td><td></td><td></td></tr>
<tr><td colspan="4"></td><td></td><td></td></tr>
<tr><td colspan="4"></td><td></td><td></td></tr>
<tr><td colspan="4"></td><td></td><td></td></tr>
<tr><td colspan="7">（投资人身份证复印件粘贴处）</td></tr>
<tr><td colspan="7">谨此确认，本表所填内容真实无误。

投资人签名：　　　　　　年　　月　　日</td></tr>
</table>

注：（1）“居所”填写投资人身份证地址。

（2）“现住所”填写投资人现在的住所，由投资人申报。

个人独资企业设立登记审核表

企业名称		
企业地址		
投资人姓名		
投资人居所		
经营范围 及 方 式		
出 资 额		
出资方式	1. 以个人财产出资	2. 以家庭共有财产作为个人出资
初 审 意 见	签字: 年 月 日	
审 查 意 见	签字: 年 月 日	
核 定 结 果	签字: 年 月 日	

说明：依照《中华人民共和国个人独资企业法》的规定，出资额和出资方式由投资人申报。

附录一：部分求职网网址

1. 广州日报·求职广场：http://jobs.dayoo.com

2. 阿里巴巴求职：info.china.alibaba.com

3. 中国求职网：http://www.hzhr.com.cn/Index.htm

4. 528求职网：www.528.com.cn

5. 智联招聘网：www.zhaopin.com

6. 中华英才网：www.chinahr.com

7. 大洋网：www.dayoo.com

8. 前程无忧：www.51job.com

9. job.168.com

10. www.58同城.com

附录二：广州本地部分人才市场地址及常用的就业网站

1. 天天白领世界：广州天河路95号（购书中心西100米）。
2. 购书中心韦博人才市场：广东省广州市天河路123号5楼。
3. 火车东站锐旗人才市场：广州市林和西路163号中泰国际广场五楼。
4. 广州南粤人才市场：广州市海珠区南洲路32号一楼（海珠客运站对面）。
5. 广州市劳动力中心市场：三元里大道1278号（广花四路272号）。
6. 广州白云百业招聘大广场：广州市机场路1248号（原广花五路90号）4～5楼。
7. 南方人才市场：广州市天河路104号华普大厦2～4楼；或广州市天河路198号精典大厦6、7楼。
8. 天河锡安人才市场：广州市天河区广和路29号首层。

参考文献

［1］　王秋梅.学生心理健康教育.北京：中国商业出版社，2007.

［2］　http://zhidao.baidu.com.

［3］　尹凤霞，邓胜.学生职业发展指导手册.香港：书艺出版社，2011.

［4］　尹凤霞.职业道德与职业素养.北京：机械工业出版社，2012.